1 000

trucs et astuces

du piégeur

J. Lemesle
N. Gavard-Gongallud

Préface

Ce nouvel ouvrage signé Jacques Lemesle et Nicolas Gavard-Gongallud est rempli de "combines" pour que le piégeur, débutant ou non, obtienne des résultats et remédie à ses échecs.

Jacques Lemesle est un garde particulier et cette "fonction" a orienté son piégeage : il est plus tourné sur un piégeage axé sur la protection du petit gibier et donc un piégeage dans "la campagne". L'aspect "piégeage en ville", de plus en plus important car les espèces sauvages se rapprochent de plus en plus des cités, - n'est-ce pas un garde-manger bien garni et à disposition sans trop d'efforts ? - n'apparaît pas dans cet ouvrage. Il est vrai que rechercher des traces sur le bitume ou pratiquer des revoirs sur le parking du supermarché local ne sont pas choses aisées...

Nicolas Gavard-Gongallud, quant à lui, n'est autre que le rédacteur en chef de "Nos Chasses – Spécial Piégeage", une édition très appréciée des chasseurs et des piégeurs qui nous informe des petites astuces qui font le piégeage. Son expérience acquise en sillonnant les routes de France relève bien des astuces...

Dans cet ouvrage, le piégeur qui opère en milieu ouvert trouvera une foule d'astuces pour identifier les espèces, des méthodes variées pour poser les pièges, des idées pour amener les animaux visés dans le piège...

Le piégeage est une école de l'humilité : il met face à face l'animal avec son instinct et l'homme avec son intelligence. Ce dernier, malgré son savoir, ne sort pas toujours, heureusement d'ailleurs, vainqueur de ce combat singulier. Jacques Lemesle et Nicolas Gavard-Gongallud essaient, avec bonheur, de faire pencher la balance du côté du piégeur.

Piéger, ce n'est pas éradiquer une espèce, c'est rétablir un équilibre que l'homme a rompu, c'est "gérer la Nature" - le terme n'est pas fameux, mais y-en a-t-il un autre ?, c'est faire que prédateurs, gibiers, espèces protégées s'inscrivent dans un "développement durable". L'ouvrage des deux auteurs s'inscrit dans ce contexte.

Jean-Claude SAULNIER
Président de l'UNAPAF

UNAPAF : Union Nationale des Associations de Piégeurs Agréés de France. www.unapaf.com

Sommaire

I – IDENTIFICATION DES PREDATEURS PAR LEURS TRACES ET LEURS LAISSEES

• Des remarques qui ne trompent pas

Se rappeler que les griffes des pattes avant sont chez presque tous les carnassiers plus longues que celles des pattes arrières. Pour le genre chien, la patte avant marque un dessin en forme de cœur renversé pour le talon, tandis que la patte arrière au talon marque un dessin en forme de poire.

Se rappeler également que les carnassiers, genre renards, urinent comme les chiens en levant la patte pour les mâles et de côté, en s'accroupissant, pour les femelles et urinent en flaque. D'autre part, les mâles de la plupart des fauves de nos chasses cherchent une élévation (pierre, touffe d'herbe, souche) pour y déposer leurs excréments, alors que les femelles les posent en plein milieu des sentiers.

L'état des laissées peut indiquer depuis combien de temps l'animal est passé. Pour cela on les jugera en les touchant pour se rendre compte de leur mollesse ou de leur dureté ; molles, elles seront le plus souvent fraîches ; de même si leur aspect est vernissé extérieurement. Cassées, leur section sera homogène ; odorantes selon l'animal, mais jamais à odeur aigre.

• Quelques remarques particulièrement intéressantes pour le piégeur

Le renard revient à la pièce qu'il a cachée, ou à ses restes, en général imparfaitement enfouis : ainsi, s'il a pris un lièvre, il mangera l'avant du corps d'abord et réservera les cuisses pour un autre repas. Quand on retrouve une cache de ce genre, il faut se garder d'y toucher, de ne rien déplacer. Tendre deux ou trois pièges autour. Le renard ne sera pas sans y revenir et ceci en n'importe quelle saison.

La fouine revient aux œufs qu'elle enlève sans bruit et sans meurtre. Par contre, elle ne revient pas au poulailler ou à la volière où elle a commis un carnage d'oiseaux.

Le putois revient à longue échéance aux endroits où il a fait ripaille. Il ne revient pas chercher la volaille à peu près intacte qu'il a goûtée la nuit précédente, pas plus qu'il ne revient au lapin de garenne assassiné sur la lisière du bois et abandonné à peu près intact sur place.

• Observations sur le blaireau

La meilleure saison pour observer les blaireaux va de la mi-avril à la fin juin. Ils sortent des terriers en fin d'après-midi, dès le coucher du soleil pour ne rentrer le matin au petit jour vers cinq à six heures. Parfois ils arrivent plusieurs ensemble, parfois les uns après les autres.

Au coucher du soleil, on les voit sortir doucement de leur terrier, d'abord le museau, peu après la tête, puis la moitié du corps et ainsi progressivement, ils avancent jusqu'à quatre mètres de leur trou. Chaque fois qu'ils avancent un peu, ils reviennent sur leurs pas en criant comme un porc pris de peur !... Après s'être écartés de quatre à cinq mètres de leur terrier, ils n'y reviennent plus et partent en tournée pour la nuit.

• Reconnaître les coulées de blaireaux

Partant du terrier, elles montent au plus court aux bordures ; lorsque, dans un même coteau, se trouvent plusieurs terriers distants les uns des autres, il existe toujours une coulée qui sert à les relier. Si

Gueule de terrier de blaireau ; il est reconnaissable à sa "gouttière"

les terriers sont à proximité d'un ruisseau, une coulée descend toujours du terrier au ruisseau. Larges de vingt centimètres, ces "chemins" sont faciles à reconnaître ; leur fréquentation continuelle amène la suppression totale de feuilles mortes (sauf, bien entendu, en octobre et novembre, époque de la chute massive des feuilles). La terre est battue et les griffes bien visibles, même par revoir moyen. En mai, septembre et octobre, on trouve fréquemment des restes de mousse, de petits tas de feuilles provenant des transports effectués par l'animal en vue de renouveler sa litière.

En principe, chaque animal a sa coulée de sortie et sa coulée de rentrée, qui toutes deux peuvent se ramifier. Le blaireau tient ses coulées très régulièrement, sauf de fin novembre à fin février, époque à laquelle les sorties nocturnes sont rares et le plus souvent remplacées par un profond sommeil. En automne, les coulées sillonnent les bois de chênes et de hêtres ; en plaine, on remarque les passages dans les haies qui bordent les sentiers et où ils jalonnent leur passage par des grattis et des laissées. Ces dernières sont toujours disposées au fond d'un grattis de 10 centimètres de profondeur. On trouve fréquemment une série de ces dépôts rassemblés sur une surface de deux à trois mètres carrés, à peu de distance du terrier.

• Rechercher les coulées de renards

C'est au plus fourré qu'il faut les chercher, en général : cependant, le souci du couvert semble dominé par celui de gagner rapidement les bordures et de longer celles-ci. Si le terrain est mouvementé, c'est à mi-coteau que l'on en trouvera le plus. Dans les bois : les fossés, les rigoles séparant les coupes sont les parcours favoris avec les levées de terre bordant ces fossés. En plaine, les sillons limites de champs (les raies de labour) dans les couverts formés par les récoles sont les lieux de passage.

Une coulée fréquentée est exempte de feuilles, la terre est battue et les herbes foulées sur les côtés : sa largeur varie de 10 à 20 centimètres. Le renard, non inquiété, tient régulièrement ses coulées et les parcourt généralement au pas ou au petit trot. Il n'est pas rare de trouver dans les coulées qui aboutissent au terrier, des plumes répandues çà et là, particulièrement à la fin avril, début mai, où les renardeaux commencent à avoir de l'appétit.

Le renard repasse toujours où il n'a pas été inquiété (en tirer partie pour la chasse). S'il évente un effluve anormal dans sa coulée habituelle, il fait un détour prudent et reprend plus loin sa coulée. Sa méfiance éveillée le poussera à opérer de même pendant plusieurs jours.

• Identification de la fouine par ses laissées

Une laissée de fouine se compose, en hiver, de déchets organiques à base de viande, de plumes et d'os broyés. En été et en automne, on n'y trouve que des fruits hachés et compressés, avec leurs noyaux ou leurs pépins. La longueur d'une telle laissée est variable : de 8 à 13 centimètres pour un diamètre de 1 à 2 centimètres. Le pelage de la fouine est foncé en hiver, et brun grisâtre ou jaune en été.

• La neige : le livre de la nature

Si février est neigeux, il faut profiter d'une chute de neige nouvelle pour recenser les prédateurs qui rôdent sur le territoire de chasse et, au besoin faire quelques traînées le long des bois, en disséminant des amorces sur le parcours jusqu'au " jardinet ", ce qui permettra de capturer quelques indésirables. La neige est excellente pour repérer fouines et putois qui se remisent dans les meules de paille, les hangars ruraux : ne pas confondre leur trace avec celle du chat domestique.

La neige est "le livre des ânes" !... Pour le piégeur-observateur, il lit facilement les espèces gibiers et nuisibles qui fréquentent son territoire.

• Les effets de la neige sur les traces du renard et du chien

Le renard marque le plus souvent une série de points en ligne droite, régulièrement espacés. L'intervalle, entre deux points consécutifs, est d'environ 30 centimètres. L'ensemble de la voie offre un aspect de grande régularité. Parfois, quand le renard saute, les deux pattes avant sont sur une même ligne horizontale, les deux autres en arrière sont décalées, l'une étant toujours en arrière de l'autre.

Quant au chien, il formera, au contraire du renard, des traces en forme de parallélogramme plus ou moins allongé, selon l'allure, avec ses quatre pattes. La voie est donc constituée par une succession de ces figures d'allure, irrégulières dans l'ensemble.

• Passée et coulée

En matière de piégeage, on appelle coulée le sentier établi par l'animal et fréquenté par lui. La coulée est parfois tapissée de mousse, bordée de plantes et d'herbes : d'autrefois, c'est un simple tracé qui sillonne la plaine. La passée (ou la passe) est l'endroit choisi par l'animal pour traverser une haie, une clôture, qu'il fréquente. En d'autres termes, c'est une "coulée abrégée".

Le renard se déplace généralement en ligne droite.

• Coulée fréquentée

Elle se présentera sous l'aspect d'un petit sentier étroit, bien battu, au sol balayé, exempt de feuilles mortes, avec les herbes des côtés coupées ou refoulées à l'extérieur, ou piétinées sur le fond du sentier ; si elle passe dans un roncier, on constatera la présence de poils restés accrochés aux ronces. Dans les parties du parcours au sol meuble, on trouvera imprimées des traces de pattes, des marques de griffes. Parfois on trouvera des laissées qui aideront à identifier le "maraudeur", ou bien des restes de repas.

Les coulées des carnassiers se trouveront particulièrement en dedans et près des bordures de bois, le long des ruisseaux, à mi-pente sur les coteaux, sur les banques élevées des fossés, vers les ponceaux et caniveaux, le long des haies, parfois au milieu de celles-ci (si elles sont épaisses), le long des murs et des clôtures également. Dans les grands bois, elles se dirigent vers les lisières. Dans les zones à bancs rocheux, on trouvera une coulée longeant le banc en haut et une en bas.

• Terriers fréquentés

Traces de pattes à l'entrée, parois lissées, absence de feuilles mortes dans la gueule, de racines pendantes. Parfois présence de restes de proies à proximité (surtout à l'époque des petits). Traces de grattis sur la plate-forme des entrées. En été, on remarque souvent des mouches bleues à la gueule des terriers, celles-ci attirées par les cadavres entraînés au fond des terriers.

Ne pas confondre terrier de renard avec terrier de blaireau : le premier a la terre rejetée en dôme à la gueule du terrier ; le deuxième présente un couloir médian au lieu du dôme.

L'emplacement des terriers se situe généralement sur le versant d'un coteau, soit dans les veines de terre entre les rochers, soit en pleine terre. Souvent à proximité de l'eau, mais toujours en terrain sec, à l'abri du vent, caché sous un fourré. Rarement dans les grands bois. On en trouve aussi parfois dans les haies très épaisses.

• Surveiller les terriers à renard

Le printemps est une époque particulièrement favorable à la capture des renards dont la jeune famille vient s'ébattre sur le seuil du terrier de mise bas quand règnent le silence et le bon soleil. Souvent, les terriers notoirement vides et inoccupés depuis longtemps, recèlent subitement une nichée de renardeaux, nés chez le voisin qui, dérangés par une cause quelconque, se sont décantonnés sous la direction de la femelle.

Donc, veiller à ameublir (petit coup de râteau) le seuil des entrées quand cela est possible, et de temps en temps, un coup d'œil jeté en passant, vous édifiera sur le contenu du repaire. Les moindres mini terrassements, agrandis en une nuit par une renarde, sont

Dressage de chiens terriers sur renard en terrier artificiel

significatifs de présence. Il faut alors chercher au dehors les pistes que créent les parents pour apporter le ravitaillement aux jeunes et, piéger en coulée, avec le collet à arrêtoir à un endroit resserré par les taillis.

• Traces du renard

Il est très facile de distinguer le pas régulier du renard, dont l'empreinte représente un trèfle à cinq feuilles et s'inscrit dans un cercle parfait, de celui de tout autre animal sauvage. Tout au plus, pourrait-on le confondre avec celui d'un petit chien de même taille ; mais alors les allures de celui-ci ne sont pas réglées, c'est-à-dire que le pied de derrière ne vient pas s'emboîter exactement dans celui de devant.

• A savoir sur le renard : une laissée significative

C'est sur un sentier bien droit, souvent au croisement de deux allées que l'on trouve les laissées du renard. La bête, méfiante, aime à voir loin autour d'elle quand elle se " vide ", et, chose à noter, se retourne pour regarder en arrière au moment où elle abandonne sa fiente. C'est cela qui souvent trompe un piégeur novice sur la direction que suit l'animal ; voyant la pointe terminale de la laissée dans un sens, il ne se rend pas compte que c'est par suite de la manœuvre de sécurité de la bête, qui, ses besoins satisfaits, reprendra sa direction première, la pointe de la laissée marquant la direction de la venue et non celle vers laquelle il se dirige.

La laissée d'un renard permet d'identifier son sexe. Le mâle usant de la méthode assez coutumière chez le chien, posera sa fiente sur un lieu exhaussé : une grosse pierre, un amas de terre, un tas d'herbes, même le long d'une cépée ou d'un tronc d'arbre ; la femelle la laissera en plein chemin.

• Un tableau qui en dit long

On parle beaucoup de la gestion des populations de petit gibier. Mais leur protection doit être recherchée dans la régulation intensive des prédateurs, notamment les belettes et les renards.

Laissée de renard femelle ; le mâle fiente généralement sur un petit monticule !...

Si on examine la façon dont se reproduisent d'une part, lièvres et lapins, d'autre part les nuisibles, le tableau ci-après donne des précisions intéressantes.

• Si l'on compare ce tableau, on constate ce qui suit :

Tous les nuisibles mettent bas à des époques comprises dans celles des naissances du gibier et cherchent à assurer la nourriture de leur progéniture en prélevant leur menu substantiel sur le jeune gibier.

Espèces gibiers	Epoque d'accouplement	Durée de gestation	Nombre de gestations	Epoque de naissance	Nombre de petits
lièvres	Janvier Août	5 semaines	3 à 4	Février Octobre	2 à 5
Lapins	Janvier Septembre	30 jours	6 à 8	Février Octobre	4 à 6

Espèces nuisibles	Epoque d'accouplement	Durée de gestation	Nombre de gestations	Epoque de naissance	Nombre de petits
belettes	au prinptemps	5 semaines	2	prinptemps été	3 à 8
renards	Janvier Février	9 semaines	1	Mars Avril	3 à 7

• Comment identifier " l'assassin " d'un animal de basse-cour par son comportement

Le renard : Le renard rapine en plein jour et le bruit des exploitations agricoles ne l'effraye pas !... Si la volaille est emportée et plumée à quelques mètres de l'endroit où elle a été prise, le renard est seul coupable.

Pose d'une pancarte indiquant la pose de pièges. Règlement à respecter !...

C'est surtout la renarde qui chasse ainsi en pleine journée, lorsqu'une nichée de renardeaux l'attende au terrier. Autrement, le renard libéré de l'élevage des jeunes, préfère dormir, dans la lisière du bois au plus profond d'un fourré, durant la journée pour ne se mettre en chasse qu'à la "brune". Il a alors toute facilité pour circuler sans être épié, tandis qu'en plein jour, les geais, les pies et corneilles clament sa présence à tous les échos de la forêt. Toutefois, j'ai déjà vu le renard, masqué par les récoltes, affûter la volaille qui divague loin du poulailler et ce, en plein midi. La victime n'est jamais plumée sur place quand le renard chasse pour nourrir ses jeunes.

La fouine : La fouine a une manière particulière de tuer ses victimes : c'est le coup de dent à la nuque ou sous la gorge. Si les pièces disparaissent, c'est que la fouine a pour refuge un endroit spacieux. Si elle mange le crâne ou l'estomac de ses victimes c'est qu'elle n'a pu les enlever, parce que les issues sont trop étroites ; la fouine préfère les œufs dont elle est très friande, et sait les faire disparaître sans laisser de traces.

Autre constat : la fouine pénétrant dans un poulailler semble ivre de rage et massacre tous les habitants, non par besoin, mais par dilettantisme ou sadisme, comme on voudra. Repue de sang, elle n'enlève parfois aucune pièce, même si la chose est possible.

Elle épargnera la couveuse accroupie sur le nid et lui enlèvera ses œufs l'un après l'autre. Elle les consomme loin de l'endroit où elle les a soustraits, en les emportant sous sa gorge, donc sans entamer la coquille.

Le putois : Il tranche la tête des volailles quand aucune issue ne lui permet d'emporter ses victimes. S'il peut au contraire en emporter une, il s'en contente ; dans le cas contraire, il s'en prend quelquefois à tout le poulailler et après avoir sectionné la tête de chaque oiseau, emporte ces têtes et va les cacher dans son trou.

L'hermine : Elle marque sa visite par le trépas de trois ou quatre volailles qu'elle tue en leur perçant la carotide et qu'elle laisse sur place.

L'hermine ne revient pas aux restes de ses victimes, mais elle visite volontiers un poulailler où elle a déjà commis des déprédations.

La belette : Elle ne tue qu'une volaille à la fois, surtout des poussins, qu'elle laisse sur le sol. Toutefois, les perdreaux de moins de quinze jours sont emportés en gueule jusqu'au terrier par le mustélidé et consommés intégralement. Même remarque pour les œufs qui ne sont pas pillés sur place, mais emportés l'un après l'autre.

• Quelques remarques intéressantes

Les œufs des volailles qui pondent aux abords de la ferme sont exposés au bec de la pie bavarde et de la corneille noire. Pour la pie, on reconnaît la voleuse aux deux trous d'inégales grosseurs, qu'elle perce sur les œufs avant de les gober.

La fouine revient aux œufs qu'elle enlève sans bruit et sans meurtre. Par contre, elle ne revient pas au poulailler où elle a commis un carnage de volailles. Mais elle revient volontiers au pigeonnier d'où elle a prélevé un ou deux pigeons.

Le putois revient à longue échéance aux endroits où il a fait ripaille. Il ne revient pas chercher la volaille à peu près intacte qu'il a " goûtée " la nuit précédente.

Méfaits de la corneille noire sur un nid de colvert

Quant à la belette, elle est errante et ne récidive pas ses attaques nocturnes.

• Comment bien connaître l'identification des prédateurs par les reliefs des repas ?

Chaque animal laisse sa marque spéciale sur les proies qu'il a incomplètement dévorées ; c'est ce qui permet de reconnaître à quelle espèce appartient le prédateur auteur d'un quelconque méfait.

De prime abord, il est toujours facile de discerner, soit sur un œuf, soit sur une victime, la marque toute spéciale d'un oiseau de proie. La coquille de l'œuf est brisée comme une vitre qui aurait reçu un choc ; c'est une perforation de la coquille : un trou bien net, dont les bords fêlés rayonnent en forme d'étoile. L'oiseau d'un coup sec de son bec a crevé la coquille, et par cette ouverture, absorbe comme s'il buvait, le contenu de l'œuf.

Dans les proies carnées, les rapaces au bec crochu ne consomment que la chair laissant le squelette intact et bien nettoyé. Quand vous trouvez la trace du rapt d'un oiseau : un paquet de plumes sur le lieu de capture et, souvent, un autre paquet plus loin ; cherchez sous les grands arbres proches, il est excessivement rare, que vous ne retrouviez pas le squelette de la victime. En tout cas, l'examen des rémiges et des grandes plumes caudales pourra vous certifier à qui vous avez affaire : oiseau ou quadrupède ?...

Chez le premier, la partie des plumes qui s'insère dans la peau est intacte, tandis qu'elle est tranchée nette par les bêtes de rapine.

Après la capture qui laisse des traces bien marquées, le renard prenant au bond, l'animal emporte sa proie pour la manger en lieu sûr. En cours de route, il jonche son chemin des plumes de sa victime ou bien des poils accrochés aux branches marquent son passage. Si la proie est d'importance, il la pose fréquemment à terre, et là, plumes et poils sont plus abondants. Le renard est un petit mangeur (280 grammes de viande fraîche par jour environ), si on le compare aux autres prédateurs. C'est pourquoi, ne pouvant consommer en un seul repas une proie d'un certain volume, il prend soin d'enterrer ses reliefs, pour les soustraire à la voracité des autres carnassiers ; mais ils ne sont jamais suffisamment dissimulés pour échapper au regard de l'homme. Le renard mange les œufs, mais ne laisse que peu de vestiges de ses " larcins " ; car, les prenant à pleine gueule, il les écrase et les avale tel quel.

On trouve des vestiges de la voracité du blaireau par les rabouillères trouées juste au-dessus du nid, par les bouses de vaches retournées lors de la recherche des bousiers (nom vulgaire sous lequel on comprend les insectes coléoptères coprophages des genres copris, héliocopris), dont il est très friand, par l'éventrement des nids de guêpes dont il mange les larves, par le piochage des champs de pommes de terre qui recèlent des larves de hannetons.

Peu amateur d'œufs, il est cependant redoutable pour les nids ; car s'il n'en gobe que très peu, il écrase le reste en se roulant dessus. Pour manger les épis lorsqu'ils sont encore tendres, il dévaste un champ de maïs, coupant les tiges au pied et les laissant sur le terrain, dépouillées de leurs quenouilles. A l'époque où les grains d'avoine encore peu avancés sont tendres et laiteux, on remarque des places foulées par le couchage d'un animal et des tiges démunies de leurs grappes ; c'est encore là, le travail du blaireau.

La martre des pins et la fouine sont friandes de miel, et, ne redoutant pas les piqûres d'abeilles, n'hésitent pas à piller les réserves des essaims sauvages qui se sont installés dans des arbres creux ; les débris de cire, jonchant le sol au pied d'un arbre, sont les indices de leur méfait. Elles étranglent leurs victimes et mangent la poitrine, ne consommant le reste de leur proie que par temps de disette ; elles aiment les œufs qu'elles ne consomment pas sur place, mais emportent dans leurs repaires.

Le putois mange sur place, que ce soit des œufs ou des matières carnées. Peu alerte, ses proies principales sont des lapins, des faisans ou autres volatiles surpris sur le nid, à ces derniers, il coupe généralement la tête. Il revient consommer sur place jusqu'à disparition complète de la proie. Il déguste les œufs en les ouvrant largement sur le côté ; mais toujours les coquilles restent nettes et propres.

Le hérisson commence toujours à consommer un animal, par l'anus, mangeant ensuite intestins et intérieurs.

L'hermine et la belette saignent leurs victimes : deux petits trous derrière une oreille. Parfois elles mangent une partie des chairs : la base du cou et l'intérieur de la poitrine. Elles consomment les œufs sur place par une très petite ouverture qui leur sert pour aspirer le contenu.

• Savoir profiter de la neige fraîche

Le piégeur profitera de la neige " nouvelle ". On appelle ainsi une

Effrayée par le bec droit, la cane a abandonné son nid

neige qui a commencé à tomber la veille au soir et durant une partie de la nuit. Toutes les voies du jour étant sur neigées, c'est-à-dire recouvertes ; celles que le piégeur rencontre le matin en faisant sa tournée, sont donc récentes et bonnes. Dès qu'il est sur une voie de renard, de martre, il lui est facile de rembucher son animal, besogne facile du reste par une bonne neige. En ce qui concerne la martre, il lui est facile de la suivre, il n'attendra pas longtemps sans être amené au pied d'un gros arbre porteur d'un nid de corbeaux, de buses ou dans un trou de pic-vert. Quelquefois, la martre est visible, corps allongé sur une forte branche, il faut alors lui envoyer un coup de plomb n° 4 si l'on est garde particulier ou en période d'ouverture de la chasse.

• Définir le mot " nuisible "

Estimer ce mot à sa juste valeur pour en doter un animal n'est pas toujours chose aisée !...

Pour le chasseur, sont nuisibles, tous les animaux que la tradition a désignés comme tels pour le gibier.

Au point de vue cynégétique, la nuisibilité est fonction de deux séries de facteurs assez complexes ; mais jamais mises en évidence dans leur ensemble. Elle ne peut être considérée que localement.

Nombre de mois d'activité

Il est évident que plus un animal manifestera son activité pendant tout le cours de l'année, plus il devra manger. Par exemple, le renard chasse toute l'année et il lui faut 280 grammes de viande par jour !... De plus, il est nocturne et diurne, il a donc deux fois plus d'occasion de capturer des proies.

Capacité de reproduction

Plus une espèce est considérée nuisible, plus on doit la tenir à l'œil pour la limiter. Le rat surmulot, le rat musqué, le renard, la fouine, le putois, la belette, la martre figurent sur la liste noire étant donné leur prolifération.

Aptitudes physiques

Plus un animal présente des sens développés : vue, ouïe, odorat, plus il pourra s'emparer de ses proies surtout si les moyens sont variés et adaptés à son genre de chasse : réflexes rapides, aptitude à bondir, grimper, nager, à se dissimuler pour affûter ou approcher.

Un carnet des prises sera tenu à jour par le piégeur.

Régime alimentaire

Si nous établissons le régime alimentaire desdits nuisibles au cours de l'année, en voici les grandes lignes :

- proies vivantes : gibier, animaux domestiques, rongeurs.
- proies mortes : gibier tué, crevés, cadavres provenant des fermes et d'élevage d'animaux domestiques.
- Régime végétarien : baies, mûres, pommes, poires, fraises, myrtilles, glands, etc...

Abondance ou rareté des prises

Plus les proies sont abondantes, plus les nuisibles auront l'occasion d'en capturer !... Plus les proies seront faciles à capturer (animaux sortant d'élevage, jeunes animaux sans défense, oiseaux malades, etc...), plus nombreuses seront les victimes

Influence atmosphérique

Un hiver rude et prolongé fait disparaître les petits rongeurs et les taupes dans leurs terriers sous la terre gelée, les rendant inaccessibles aux carnassiers et rapaces.

Un printemps doux et précoce amène le retour des petits rongeurs et des taupes en surface ainsi que l'éclosion d'insectes. Il favorise la nidification.

Très pluvieux, il nuit aux couvées et nichées.

Un été chaud favorise la formation de couverts denses et influe avantageusement sur l'élevage du jeune gibier. Il favorise l'abondance des fruits et baies.

Un automne doux permet la capture facile des rongeurs, taupes, insectes tandis que les couverts diminuent. Très humide, il fait crever bon nombre de rongeurs, mais augmente la masse des batraciens, escargots, vers, limaces.

Selon ces influences variées, le régime des prédateurs sera pléthorique ou au contraire fait de pénurie alimentaire.

Conclusion

En dotant chaque facteur envisagé d'un coefficient, on peut établir un tableau assez proche de la vérité permettant de juger impartialement cette liste d'animaux dits nuisibles.

Les saules têtards situés en bordure de rivière sont fréquentés par les mustélidés et comme vous le constatez aussi par les canes colvert.

• Les nuisibles "occasionnels" ainsi appelés parce-que l'on ne peut les réguler ni par piégeage ni à tir.

La liste des espèces classées " nuisibles " paraît, chaque année, dans les arrêtés préfectoraux. Mais parallèlement à cette liste de prédateurs, il est indispensable pour un piégeur agréé de connaître les animaux pouvant également se rendre néfastes : soit pour le gibier, soit pour les animaux domestiques et d'éviter toute confusion sur l'identité de l'auteur des dégâts constatés.

Le chien : qu'ils soient de chasse, de garde ou de berger, peuvent causer de gros dégâts soit vis-à-vis des animaux domestiques, soit aux animaux gibier.

Tous les chasseurs connaissent suffisamment les dégâts importants que peuvent causer certains chiens de berger laissés vagabonder par leur maître lors du pâturage du bétail, ou par les chiens errants. Que de nids, de couvées, de portées sont ainsi détruites chaque année au détriment des chasseurs.

Le chat haret : est un chat domestique devenu sauvage. Il se conduit comme un brigand, détruisant les couvées et les portées de gibier et les petits passereaux. Il est très nuisible car il chasse régulièrement et est doté d'une grande patience.

Revenu à l'état sauvage, le chat redevient un félin rampant, attentif au moindre bruit et toujours prêt à bondir aussi bien sur un mulot ou un campagnol que sur un lapereau ou une volée de petits perdreaux ou faisandeaux. Ses victimes sont tuées au bond qui termine, soit une approche savante, soit un affût très patiemment exécuté. Elles sont soit dévorées sur place ou emportées quand la chatte est chargée de famille.

Les animaux tués ont la colonne vertébrale brisée à la nuque ou à la base du cou ; ils sont dévorés en commençant par la tête, puis l'avant-train et le ventre. Le chat revient aux lieux de carnage, mais abandonne ses reliefs de repas. Les petits passereaux sont plumés sommairement (plumes coupées) laissant les pattes.

• Physionomie des dégâts causés par les carnassiers

C'est en mai-juin que le renard s'attaque à ces poules errantes des basses-cours pour les enlever et les emporter à son terrier, où ses petits l'attendent affamés. C'est en général une femelle qui chasse silencieusement en plein midi ou en fin d'après-midi, profitant des couverts qui sont hauts ce qui facilite son approche. Les victimes sont saisies au bond à la base du cou (ou sur les reins quand il s'agit d'un renardeau), occises d'un coup de dent et emportées sur un itinéraire jalonné de temps à autre par une touffe de plumes, là où le renard a marqué un temps de pose. Il arrive que tombant sur un troupeau de volailles (poules, canards, dindons), le renard se livre à une hécatombe, les victimes sont tuées rapidement, laissées sur place ou sommairement enterrées çà et là, ne laissant dépasser que les ailes ou une patte. Si la volaille a été dévorée, on retrouve les grandes rémiges cisaillées à 5 ou 6 cm de la racine, ainsi que les pattes. Toutes les proies capturées sont dévorées en commençant par la tête, les filets ou le râble (pour les lapins et lièvres), le reste est plus ou moins enterré et rarement visité par la suite.

Les rabouillères et les nids de campagnols ou de mulots sont déterrés comme le fait le chien en agrandissant l'entrée, le nid est sorti ensuite. Les nids voient leurs œufs disparaître sans laisser de traces. En présence d'un gros gibier trouvé mort en forêt, le renard l'entame par les aines et les cuisses.

La fouine visite les fermes où elle peut se manifester par des vols

Renarde capturée dans une boîte à fauves " grand modèle ".
La boîte est appâtée avec une volaille.
Très prenant, surtout à l'époque d'élevage des jeunes.

d'œufs, des mises à mort de volailles et pigeons, des lapins quand tous ces animaux occupent des locaux vétustes où la fouine peut s'introduire facilement. Une volaille peut être emportée ou dévorée sur place, entamée par le crâne ou la poitrine. Elle tue toutes les volailles qu'elle peut attraper d'un coup de dent à la nuque. Les victimes retrouvées paraissent parfois intactes, seule la nuque est percée, parfois elles sont entamées sur la poitrine ; s'il s'agit d'un lapin, on retrouve les pattes, les oreilles et parfois la peau bien dépouillée.

La martre des pins est forestière, excellente grimpeuse, elle n'hésite pas à aller chercher ses proies dans les arbres ; pigeons ramiers, tétras, geais, pies (et elle occupe les nids de ces dernières, ceux des rapaces ou des écureuils à l'occasion), écureuils qu'elle chasse parmi les branches, tue d'un coup de dent à la nuque et dévore ne laissant que les pattes et la queue. Les oiseaux dont elle s'empare sont plumés avant d'être dévorés, ils ont été tués d'un coup de dent à la nuque. A la belle saison, elle recherche les baies sauvages et les nids d'abeilles, car elle est très friande de miel.

Quant au putois, s'il peut pénétrer dans un poulailler, il se livre à une tuerie, décapitant et saignant les volailles, en emportant une s'il le peut. Il revient à ses carnages assez rapidement, mais peu à ses reliefs dans les bâtiments, ce qui n'est pas le cas au bois où il donne parfaitement à la charogne. Il ouvre les œufs trouvés d'un trou large par côté. Il visite tous les trous des garennes, où les lapins sont tués par section de la jugulaire, l'œil et la cervelle dévorés en premier. On ne retrouve que les pattes, les oreilles ; pour les oiseaux les pattes et les grandes rémiges sont les seuls restes.

Il ne dédaigne pas les fruits tombés (cerises, prunes, baies de laurier). Il faut ajouter à ce menu : grenouilles, escargots, limaces, serpents et insectes. Il amasse sa nourriture dans son terrier.

On trouve l'hermine autant au bois que dans les haies, très souvent non loin de l'eau. Seul le sang de ses victimes l'intéresse ; ce n'est qu'en temps de famine ou quand elle est en famille qu'elle entame ses victimes.

Elle tue d'une morsure à la nuque ou sectionne la veine jugulaire et ne revient pas à ses reliefs. Avec un lapin saigné, elle dévore parfois l'œil qui ne repose pas sur le sol. Elle entame les œufs d'un petit trou en bout et suce le contenu. Elle plume sommairement les petits passereaux, abandonnant les pattes. C'est une ennemie des petits rongeurs. Elle nage très bien et explore tous les trous des rives.

Comme l'hermine, la belette grimpe, bondit et nage très bien. Elle saigne à blanc toutes ses victimes qui paraissent intactes. Seul un coup de dent à la nuque peut être perceptible. Les oisillons sont plumés avant le repas, les plumes sont cisaillées, les pattes abandonnées. Elle chasse jour et nuit. Les œufs de taille moyenne qu'elle peut trouver sont sucés par un petit trou fait en pointe.

• Reconnaître les empreintes des prédateurs !...

S'il est une étude intéressante à faire, tant pour les jeunes piégeurs que pour les gardes et chasseurs, c'est bien celle qui permet d'identifier les animaux sauvages par les empreintes qu'ils laissent lors de leur passage. Leur connaissance permet de déceler en particulier les petits carnassiers qui passent souvent insoupçonnés du fait de leur activité nocturne.

Le débutant a tout intérêt à faire ses " classes " en prospectant en premier les sols qui, par leur consistance, permettent l'impression facile des pas des animaux. Par la suite, il cherchera à comparer les variations de l'empreinte d'un même animal en terrains différents. Il se rendra alors compte qu'une empreinte figurant sur un terrain mou pourra paraître du double de grandeur de celle prise en terrain compact. C'est le cas d'une empreinte prise dans la vase comparée à la même prise en terre argileuse, ou silico-argileuse ; c'est également le cas des empreintes prises dans la neige de plus de 3 cm d'épaisseur,

Le putois, tout comme le furet, saigne le lapin au cou.

et de celles prises dans le sable.

Si la confusion est possible sur l'identité de l'animal, il faut alors examiner la voie, c'est-à-dire l'ensemble du dessin formé par l'impression des quatre pattes sur le sol.

Le renard vient en premier, car il est un animal beaucoup plus diurne que les autres. Les empreintes se présentent sous forme d'un hexagone légèrement allongé et très régulier entourant quatre doigts munis de griffes. On peut remarquer que l'empreinte des doigts extérieurs pris à leur partie supérieure arrive à l'affleurement de la base des doigts médians, et que l'intervalle qui sépare la base des doigts médians du sommet du talon est toujours plus grand que dans une empreinte de chien de même taille (fox-terrier ou teckel). Enfin, on est frappé par le parallélisme des ongles et des doigts qui donne l'impression d'une patte serrée. Rien de tout cela dans l'empreinte d'un chien où les doigts sont divergents et écartés, le talon bien plus près des doigts, les ongles moins pointus divergent également.

Passons maintenant à la classe des mustélidés comprenant les martres, les fouines, putois, hermines et belettes, on peut dans l'ensemble trouver une similitude de forme mais non de taille.

La fouine présente dans son empreinte légèrement ovalisée, quatre doigts à la patte antérieure et cinq à la patte postérieure, tous munis de griffes marquant souvent sous forme de petits trous en avant des doigts. La face plantaire chez la fouine est nue, ce qui n'est pas le cas chez sa cousine la martre, dont la face plantaire est velue. C'est la seule différence appréciable entre ces deux animaux.

L'empreinte du putois, de taille inférieure à celle de la fouine, est plus allongée du fait de ses longues griffes toujours perceptibles en bon terrain. Le nombre de doigts est de quatre dans la patte antérieure et de cinq dans la patte postérieure avec un pouce nettement en retrait parfois visible également dans la patte antérieure.

L'hermine et la belette offrent des empreintes similaires de celles du putois mais de taille plus réduite et ce n'est guère que dans la boue et la neige qu'on peut les déceler, cependant de vieilles hermines donnent des empreintes équivalentes à celles du jeune putois.

Chez le blaireau, on se trouve en présence de pattes larges comme la moitié de la main, à cinq doigts munis de longues et puissantes griffes incurvées et marquant toujours en avant de l'empreinte des doigts. La patte antérieure est la plus longue et la plus forte. Les doigts du blaireau sont allongés en forme d'olive, ils sont parallèles. Enfin, les griffes du blaireau sont longues et fortes.

• Leurs voies

La voie, c'est le dessin laissé par les quatre empreintes de chaque animal. Il est bon de préciser que la voie normale est dite "d'assurance", c'est-à-dire la voie laissée quand l'animal n'est inquiété en aucune façon, c'est en quelque sorte son allure de promenade. Cette voie se modifie évidemment avec l'allure prise par le carnassier : trot, galop de fuite, bonds et sauts. L'état physique intervient également pour la modifier ; animal blessé, période de gestation, en outre l'âge et le sexe sont à considérer. C'est donc dans l'ensemble, un problème très complexe qui, s'il est familier aux piégeurs confirmés, présente de nombreuses difficultés aux novices.

Le renard offre une voie rectiligne, les pattes s'alignent sur une droite, avec un intervalle d'environ 33 cm pour un adulte. Celle-ci est particulièrement visible quand la neige couvre le sol. Tout changement dans cette allure indique que l'animal a modifié son comportement normal, soit parce qu'il a été inquiété, soit qu'il cherche à approcher une proie. Dans le premier cas, on peut remarquer un ralentissement, un arrêt même, qui est suivi d'une allure de fuite. Dans le second cas, on constate que les pas se resserrent, le renard se faisant tout petit pour approcher l'animal qu'il convoite et, au dernier moment cette approche se termine par un ou plusieurs bonds en direction de la proie. Par temps de neige, on peut constater également les réactions de la victime.

Le chien avec lequel la voie pourrait être confondue, n'offre jamais la rectitude de la voie du renard, chaque patte marque à une place différente, tantôt par deux pattes voisines écartées de quelques centimètres, formant un parallélogramme plus ou moins allongé, tantôt se transformant en un genre de 7 allongé.

La fouine et la martre présentent une voie caractérisée par une série de petits bonds courts et réguliers où l'on ne distingue que la trace de deux pattes posées obliquement et se touchant. Mais on trouve également le rassemblement de trois ou de quatre pattes. L'obliquité varie de temps à autre, tantôt de droite à gauche, tantôt de gauche à droite. Aucune confusion n'est possible avec le chat, la présence des griffes visibles dans l'empreinte écarte toute indécision.

Pour le putois, on trouve également la voie formée de série de petits bonds se présentant sous forme de deux pattes rassemblées

Nasse tendue avec le système du bâtonnet !...
Un système de détente très facile à élaborer !...

obliquement mais avec un changement fréquent de l'obliquité, souvent tous les cinq ou six bonds. Au saut, les quatre pattes forment un trapèze de faible hauteur.

L'hermine est particulière, souvent les quatre pattes forment un carré, comme le quatre d'un domino, les bonds variant de 20 à 50 cm. Cependant, elle bondit également ne laissant la trace que de deux pattes (les postérieures qui viennent se placer sur les antérieures).

La belette offre une voie similaire à celle de l'hermine, mais plus réduite.

Le blaireau place les pattes d'un même côté, l'une derrière l'autre, et les quatre pattes sont placées de part et d'autre de l'axe de marche régulièrement à environ 30 cm. En fuite, c'est un dessin en forme de 7 ou d'arc de cercle qu'on peut constater. Mais la largeur des pattes et les griffes très longues font que le simple dessin d'une empreinte suffit pour identifier l'animal.

II – LES REGLES D'UTILISATION DES ENGINS DE PIEGEAGE

• Couverture des pièges à lacets selon les saisons

Selon les terrains et les lieux, on emploiera des matériaux différents. Cette couverture est constituée en été : par de la mousse fine prise sur les pierres ou sur les troncs d'arbre, larges feuilles de châtaignier, de peuplier (surtout les feuilles pourries), de charme, de tilleul, de frêne, du crottin de cheval séchés au soleil, aiguilles de pins, balles, menue-paille, terre passée au crible, fleurs de foin ou de trèfle passées au crible.

En hiver : feuilles de noisetiers, de tilleul, matériaux de couverture des fourmilières, fleurs de foin ou de trèfle passées au crible.

Dans tous les cas, choisir un matériaux n'empêchant pas la projection du lacet.

• Préférer le jardinet naturel

Le jardinet artificiel se fait en fichant en terre des branches de 50 à

Bien amarrer la chaîne d'attache du piège à un pieu enfoncé dans le sol.

60 centimètres de hauteur. On les incline légèrement vers l'extérieur, en forme de corbeille tant soit peu évasée. Ainsi l'intérieur du jardinet semble plus vaste, plus accessible, en restant cependant tout autant fermé.

Il est de toute évidence que, lorsque la disposition des basses végétations s'y prête, il faut l'utiliser pour la confection des jardinets : par exemple, un roncier, une cépée bien disposée ou toute autre particularité dont on pourra tirer profit. C'est ainsi que l'on aura un jardinet naturel en ne se servant pour le former que des végétations existantes sur place.

Lorsque l'on crée un jardinet artificiel, le prédateur voit le changement, s'en préoccupe, s'en méfie, s'en écarte et, souvent, ne fréquente plus ces parages qui lui causent de l'appréhension. Un animal que l'on veut capturer ne doit pas trouver de changement dans l'aspect des lieux, il doit toujours les trouver tels qu'ils les a connus à son premier passage.

• Bien préparer un placeau

On creuse la place du piège et de son attache et on remplit ces cavités des matériaux qui devront servir plus tard à recouvrir l'engin. Il est vivement recommandé d'utiliser à cet usage les débris de fourmilières abandonnés, ils ont le triple avantage de recouvrir bien et légèrement, d'annihiler, par leur propre odeur, celle de la rouille, et d'être réfractaires à la gelée.

• Piéger par temps de gel

Une tendue établie après la survenance de la gelée est à l'abri de tout accident, si un changement de température ne se produit pas (par exemple, dégel et regel) et si le métal n'est pas mis en contact avec la terre. Cette dernière règle est absolue ; il ne faudrait pas instrumenter dans du sable sec, par la gelée, parce que les vapeurs du sol rendent bientôt ce sable humide et la gelée durcira le placeau.

• Piégeage au jardinet : utiliser deux pièges !...

Chaque animal qui se fait prendre varie dans sa manière. Exemple : l'engin répond à toutes les exigences ; le renard a emmené l'appât en rognant les branchettes sur l'arrière. Il a donc éventé le piège placé à l'entrée du jardinet. C'est pourquoi, il faut toujours, dans ce mode de piégeage, placer deux pièges, un devant, un derrière !...

• Entretien du piège

Quand on ne se sert pas des engins, on les remise en un lieu sec. Pas de rouille, pas de tâches de sang, ni de bave, ni de poils, ni d'effluves d'une capture récente. Pas d'huile, ni de graisses. Pas d'excréments d'animaux nuisibles.

Si le piège est rouillé, il faut le dérouiller en le frottant avec un bâtonnet de bois de saule bien sec, après avoir démonté le mécanisme. Bien vérifier que le lacet n'est pas rouillé.

• La rouille excite la méfiance

Un piège et son attache doivent être propres et surtout sans rouille, car c'est peut-être cette dernière qui a le plus d'influence sur les animaux et qui excite au plus haut point leur méfiance.

Ne laissez jamais votre piège trop longtemps en terre : il prend de l'odeur par la rouille qui s'y attache. Après usage : lavez-le à la brosse, laissez-le sécher, graissez-le (huile anisée) et suspendez-le ensuite dans un endroit bien aéré.

• Bien assurer l'attache des pièges

L'attache du piège, c'est simplement la chaîne ou le fil de fer qui retient le piège ou le lacet à un point fixe, empêchant l'animal capturé de s'enfuir. Si on utilise une chaîne, il faut surveiller la force des esses qui sont aux extrémités mal fermées ou trop faibles, vous risquez de perdre piège et capture. Surveillez également les maillons de vos chaînes.

Si on utilise du fil de fer, il faut le choisir d'un diamètre en proportion avec les captures escomptées ; mieux vaut un surplus de résistance qu'une égalité ou une déficience. Il faut rechercher une attache comprenant plusieurs éléments de 20 centimètres reliés entre eux par des boucles assez larges pour donner une certaine souplesse à l'ensemble (dans le genre d'une chaîne d'arpenteur). Cette souplesse vous rendra les plus grands services au moment de la fixation et du camouflage. Il faut aussi incorporer deux émerillons aux extrémités de l'attache ce qui augmentera la maniabilité et évitera les emmêlements nuisibles à la résistance de l'ensemble.

• Erreurs à éviter dans l'emploi des boîtes à fauves

Les erreurs de piégeage peuvent provenir soit du fait de l'emploi d'un matériel mal conditionné ou de mauvaise qualité, soit de fautes imputables au piégeur lui-même. Parmi les erreurs provenant du matériel, les dimensions des pièges jouent un rôle très important.

Pour les boîtes à fauves ou chatières, si le corps de l'animal est plus long que la distance qui sépare l'entrée du point de basculement de la palette ou du dispositif de déclenchement ; l'animal recevra la porte sur le dos sans être complètement engagé dans la boîte. Il pourra donc très bien s'évader. Quant aux dimensions générales des boîtes, elles sont évidemment appropriées aux animaux qu'elles sont susceptibles de capturer. Une porte grillagée doit pouvoir résister à la dent des carnassiers captifs, et cette dent est puissante.

En ce qui concerne la palette, on la préférera de niveau avec le fond de la boîte, et, ce qui est mieux, on recherchera les boîtes dont le fond constitue les palettes. Toute palette surélevée (même de quelques millimètres) risquera d'être sautée par le carnassier qui sera entré dans l'engin. Dans ce cas, aucune capture ne pourra être faite, et la boîte restera continuellement ouverte. Seul un contrôle des boîtes à l'aide de revoirs (fine couche de terre meuble répandue devant l'entrée des boîtes) pourra permettre de se rendre compte de ce qui arrive.

• Un point très important

Il faut surveiller continuellement le libre jeu des chambrières, qui souvent se bloquent par la rouille, l'humidité, etc... A l'achat d'une boîte, il faut évidemment vérifier ce jeu et s'assurer que les chambrières bloquent bien hermétiquement les palettes ou les portes.

Grande boîte à fauves pour renard : un appât (poulet, pigeon) est nécessaire.

Pose d'une "chatière" en coulée, en sous-bois. La "chatière" est un piège non traumatisant !...

Parallèlement, le libre jeu des palettes est l'objet de révisions continuelles. Sous l'influence de l'humidité, le bois gonfle, et les palettes se coincent contre les parois, d'où non-fonctionnement. Dans les portes à glissières, il faut non seulement surveiller le bon aplomb de la boîte mais également le jeu nécessaire à la chute totale de ses portes. Attention à la faute grossière qui consiste à passer les boîtes à la peinture pour assurer leur conservation ; un bain au sulfate de cuivre des parties en bois fera bien meilleur effet et ne les rendra pas inutilisables pendant trois à quatre mois si on s'amuse à employer une peinture au goudron. L'emploi d'appâts dans les boîtes n'est pas obligatoire pour certains carnassiers : putois, fouines, martres ; on peut très bien s'en servir, mais on ne doit pas oublier que les boîtes à fauves sont surtout à employer sur sentier de piégeage aménagé au bois ; par conséquent, si ces sentiers sont bien placés, les boîtes seront très prenantes.

• Graissage attractif des pièges

Avant utilisation d'un piège à œuf, il est conseillé de bien frotter toutes les parties de l'engin avec un poireau, dont le suc gras et visqueux laisse une couche imperméable et une odeur qui ne détourne pas les animaux.

Pour le bon fonctionnement de l'engin, les gonds des branches du piège et la palette de déclic doivent être graissés. On utilise une graisse spéciale à base de matières grasses : huile, suif, saindoux, auxquels sont incorporés divers ingrédients de senteur dont les émanations effacent toutes autres odeurs qui pourraient faire reconnaître l'embûche à l'animal, et être aussi pour lui une attraction éveillant ses instincts de convoitise. On trouve dans le commerce des graisses toutes préparées. Les mixtures recommandées doivent contenir du camphre, de l'écorce de morelle rouge, de l'assa foetida (d'une odeur fétide produite par des ombellifères de la Perse), de l'anis. Il est possible d'utiliser également de l'huile de table ou de l'huile d'olive très fruitée, dans laquelle on met macérer, pour un litre, une cuillerée à soupe de graines d'anis-fenouil.

• Bien camoufler les pièges : un atout primordial !...

Le camouflage est un art qui repose sur l'esprit d'observation !... Le but à atteindre est d'obtenir une similitude exacte entre la nature telle qu'elle était avant, et la nature telle qu'on la laisse après lui avoir fait subir certaines modifications.

Le camouflage repose uniquement sur l'impression d'optique ; or, cette impression est fonction de quatre facteurs : l'immobilité, le coloris, la forme, les ombres.

En piégeage, le respect des couleurs s'impose pour la reconstitution de la couverture des pièges. Dans la neige, on couvre le piège d'un papier blanc avant de saupoudrer la légère couche finale de neige. Non seulement, on cherche l'identité des couleurs, mais on l'assure même par une identité de matériaux entre ceux qu'on emploie à cet effet et ceux qui figurent aux alentours immédiats du piège.

La forme joue elle aussi un rôle important. On ne doit jamais laisser les pièges se deviner, soit par un terrassement en butte, soit par un creux. De plus, le piégeur s'interdit de couper ou de casser les branches qui existent dans une coulée, où de laisser des traces de ses travaux ou de son approche à proximité des lieux de tendue.

• Utilisation du piège à œuf : des vérifications s'imposent !...

Le piège à œuf est réglé pour se détendre sous l'enlèvement d'un poids de 60 grammes, poids qui correspond à celui d'un œuf de poule de ferme. Il est indispensable de vérifier ce réglage avant l'emploi, sous peine d'avoir des ratés regrettables. Tout le dispositif de détente doit être en cuivre. Pour ce piège également, on a intérêt à ce que la boucle qui porte l'œuf soit au niveau des mâchoires pour éviter que l'appât ne se trouve placé dans un creux. Le piège à œuf est fait pour capturer les animaux par la tête ; donc il doit avoir des mâchoires de 25 cm de diamètre au minimum. Au point de vue emploi de ce piège, il faut noter que l'on a tout intérêt à attacher l'appât sur la boucle, mais avec un jeu de 3 à 4 cm au maximum. Moins de jeu effraiera l'animal, plus de jeu risquerait de faire coincer l'appât entre les mâchoires. Cette attache doit être des plus discrètes (utiliser du fil à pêche).

• Le système de détente " 4 de chiffre "

Presque tous les " assommoirs " possèdent un système de détente basé sur le principe du " 4 de chiffre ". Ce nom de " 4 de chiffre " vient de l'ensemble du dispositif qui affecte plus ou moins la forme d'un chiffre de 4 mais qui, malgré son nom, ne comporte que trois bâtonnets encochés.

Sous le vocable " assommoir ", il faut entendre tous les engins rustiques confectionnés par le piégeur lui-même et dont le but est de tuer l'animal qu'on attire sur place au moyen d'un appât. Seul l'assommoir perché est utilisable comme piège sélectif, ne tuant que les prédateurs grimpants (fouine, martre). L'assommoir perché est autorisé dans neuf départements : Ain, Bas-Rhin, Indre, Moselle, Jura, Loiret, Meurthe-et-Moselle, Rhône et Saône-et-Loire. Il faut savoir que le " 4 de chiffre " n'est pas exempt du gonflement ou de gel, d'où blocage partiel ou total de la détente ou, au contraire, relâchement et détente à vide. Quoi qu'il en soit, il faut considérer que la détente d'un assommoir est plus lente que celle d'un piège de plusieurs dixièmes de seconde.

Dans le cas des assommoirs perchés, l'animal étant en équilibre sur une perche, on a plus de chance de l'avoir malgré ce retard dans la détente.

• Consignes pour retendre un piège

Le piégeur prudent, dans sa tournée, porte dans un sac à dos, quatre à cinq pièges de rechange, un morceau de grosse toile (1 m x 1 m) sur lequel il s'agenouillera pour placer ses pièges, un sécateur, une petite serpe de bûcheron, une tenaille, un rouleau de gros fil de fer.

Quand un piège est à retendre, voici comment il convient d'opérer : d'abord approche prudente de l'endroit. On évite de piétiner sur la coulée s'il y a, même de circuler inutilement sous-bois ; ces empreintes que conserve la terre gonflée d'eau par les pluies d'hiver, ces feuilles mortes que le temps a lissé sur le sol et que les pieds viennent bousculer sont toutes choses à éviter.

A l'endroit choisi, le piégeur étend d'abord sa toile puis s'y met à genoux. Avec la pointe de sa serpe, il trace l'encastrement sur le sol débarrassé de sa couche de feuilles, tout le déblai est posé sur le sac. La chaînette d'amarrage du lacet est fixée à un pied de baliveau ; une large plaque de mousse détachée dans le voisinage est disposée à la base du baliveau d'attache ; elle dissimule ainsi de façon naturelle, la chaînette d'amarrage.

Et, comme à partir de novembre, le sol du bois est recouvert d'une épaisse couche de feuilles mortes que la pluie et le froid se sont chargés d'aplanir, il ne reste plus qu'à en poser quelques plaques, aussi minces que possible sur le piège qui doit disparaître entièrement sous elles, sans qu'aucun changement ne se remarque de ce fait.

Il arrive fréquemment qu'un emplacement qui semble excellent, n'offre aucune cépée, aucune racine où il soit possible d'accrocher la chaîne !... Dans ce cas, on coupe un solide baliveau long de 0,60 m à

Le piège est posé et son contour est dissimulé sous des lianes de lierres

0,80 m et on le plante solidement près du piège. La chaîne y est attachée comme il convient.

Quand le piège est recouvert de feuilles, que rien ne cloche dans l'installation, le piégeur se relève, prend en main les quatre coins de sa toile qui contient la terre et les débris en excédent ; il s'éloigne en évitant les promenades inutiles et, un peu plus loin, il sème le contenu de la toile. Voilà la manière correcte de tendre un piège au jardinet au bois.

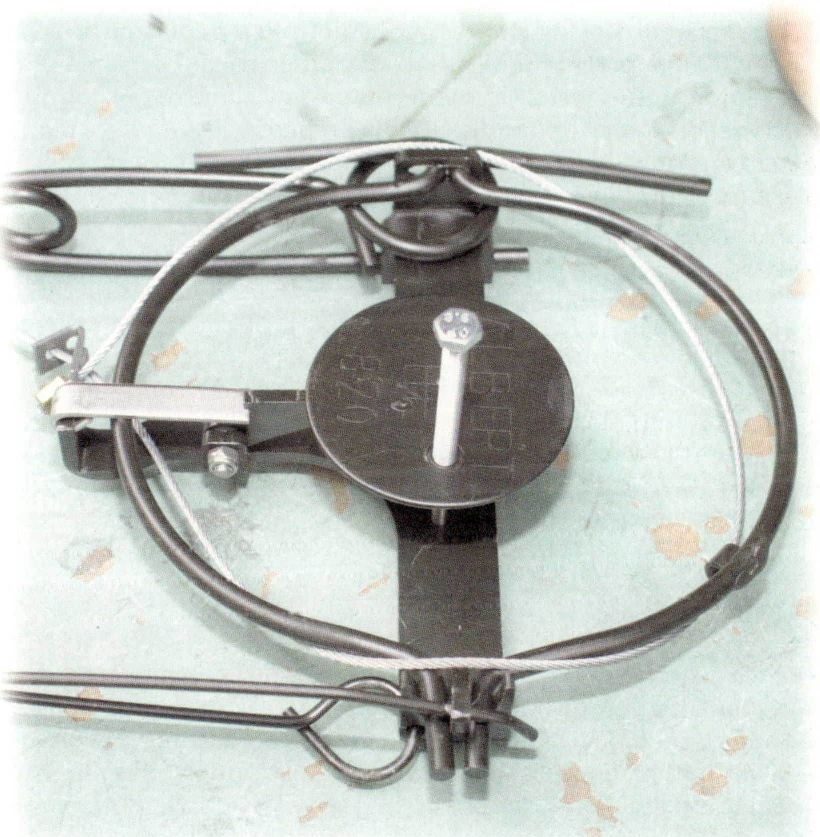

En temps de gel et de neige, le piège "Albert" au ressort puissant fontionne mieux que le "Beslile"

• Piéger en temps de gel : éviter l'inertie des pièges

Par les temps très froids, le piégeage devient difficile, du fait de la gelée qui immobilise les engins dont elle soude dans une enveloppe de glace, les déclics, les mâchoires et les palettes, durcissant également la couche de matériaux de couverture et bloquant le lacet.

Le choix des matériaux de camouflage ira vers les débris de fourmilières abandonnées, car ces matériaux ne gèlent pas et, en plus, leur goût particulier annihile les odeurs. A cela s'ajoute leur légèreté de mouvement.

Le piège peut également être tendu posé entre deux feuilles de papier. On découpe donc une feuille de papier du diamètre, avec en plus la hauteur des mâchoires. Vous posez ce papier au fond du placeau (emplacement du piège creusé dans le sol préalablement à la période de gel), mettez le piège dessus, et ramenez le long des mâchoires le papier de bordure. Vous préparez ensuite le papier de couverture dont les bords doivent venir légèrement déborder les mâchoires qui guident le lacet. En un mot, votre piège se trouve comme dans une boîte dont le papier de dessus serait le couvercle posé à plat. Cependant, si le papier était laissé tel, il pourrait au moment du déclenchement de l'engin, être chassé par les mâchoires et rejeter en dehors le membre que la bête y aurait posé empêchant ainsi la projection du lacet. Tailladez donc votre papier en le découpant comme vous le feriez pour un gâteau coupé en parts, mais laissez toujours les bords intacts. C'est-à-dire que, partant en tous sens du centre, vos coupures doivent s'arrêter à 3 cm de la bordure. La patte de la bête, en appuyant sur la palette, passe à travers les fentes du papier et le membre engagé est alors enserré par le lacet. En temps de gel, le piège albert reste le plus efficace.

• Bien camoufler l'attache du piège et du lacet

Nombreux sont les piégeurs qui ont eu des ratés en piégeage dus à un défaut de camouflage de leurs pièges. Trop souvent, il y a négligence du piégeur particulièrement en ce qui concerne le mode de fixation. L'opérateur, après avoir soigneusement dissimulé son piège, n'effectue qu'un camouflage très superficiel du mode d'attache et cette négligence suffit à alerter les carnassiers visés (renards).

Relativement à la vue, on ne peut mieux résumer l'ensemble des opérations de camouflage qu'en disant qu'une fois le piège tendu et placé, aucun signe extérieur ne doit permettre à un œil observateur de distinguer la plus petite différence d'aspect du lieu de piégeage avant et après la pose du piège. C'est-à-dire que rien ne doit faire soupçonner l'emplacement du piège et de son attache, pas plus que le passage et le séjour du piégeur. Ceci s'obtient assez facilement avec un peu d'ordre et de méthode.

Le pieu (bois ou métallique) qui sert à attacher la chaîne d'amarrage du piège doit être dans sa totalité enfoncé dans le sol à l'aide d'une massette. Du pieu au piège, la chaîne sera placée dans une mini-saignée creusée dans le sol, le tout soigneusement recouvert de gazon, de feuilles ou de mousse. On ne doit pas, une fois le piège tendu, apercevoir un fragment du piège ou de l'attache.

Pour ce qui de l'odorat, le piégeur cherchera par tous les moyens à neutraliser les odeurs du piège mais aussi de l'attache en les frottant avec de la menthe sauvage, de genêts, des fougères ou du thym. Le piégeur s'en sera lui-même, préalablement, frotté les mains.

Le piégeur fera une faute grossière s'il n'emploie pas comme produit de couverture du piège et de son attache, les mêmes matériaux que ceux figurant autour du placeau !...

La pose de l'appât éveille la méfiance des carnassiers. Il est donc conseillé de ne pas emporter pièges et appâts dans le même sac, poser le piège en premier, l'appât ensuite.

• Les meilleures conditions atmosphériques pour piéger !...

La pluie de nuit correspond à une nuit noire, elle invite les carnassiers à suivre leurs coulées ou les sentiers qu'ils fréquentent habituellement, au lieu d'aller explorer les taillis. C'est donc ici un facteur de réussite pour le piégeage du renard en coulée, au collet à arrêtoir.

S'il a plu, tard dans la journée, les nuisibles vivant sous-terre sortent de bonne heure ; par contre, s'il a plu toute la nuit, ces animaux mouillés ne se terrent qu'à regret ou contraints.

Si le vent souffle doucement, il porte au loin les effluves des appâts et attire ainsi les prédateurs vers les pièges, qu'ils soient tendus au jardinet, au charnier ou au tas de fumier.

Le brouillard n'a pas d'influence directe sur le piégeage, mais il invite les animaux à flâner et à rentrer tard au terrier. C'est par les matins brumeux qu'on aperçoit souvent le renard s'attarder à muloter, en bordure de bois.

Renard capturé au piège " Belisle ".

L'orage sans pluie énerve les carnassiers, particulièrement les mustélidés, si la pluie l'accompagne, les carnassiers abandonnent les couverts pour la plaine ou les sentiers.

En résumé, les meilleures nuits de piégeage sont les nuits humides, à vent léger, de température assez douce et, de préférence sombres ou noires.

• Pose des pièges : annihiler les odeurs nuisibles

Certains animaux couramment piégés ont de l'odorat !... Il y a donc des précautions à prendre pour enlever les odeurs des pièges susceptibles d'éveiller la méfiance des animaux.

Lorsqu'on veut utiliser des pièges neufs, on pourra, avant emploi, soit :

- fumer les pièges avec des genêts, du tilleul, des fougères.
- Placer les pièges trois jours dans une eau très courante.
- Brûler de l'herbe sous les pièges.
- Placer les pièges, pendant trois jours au moins, dans des matériaux qui identiques à ceux qui serviront à les couvrir : fumier, aiguilles de résineux, poussier de fourmilières abandonnées.

- Si on ne veut pas frotter les pièges d'herbes odorantes, faire toutes les manipulations avec des gants réservés à cet effet (gants de vétérinaire, par exemple).
- On ne graisse pas un piège en activité, on met simplement deux gouttes d'huile de paraffine, parfumée trois mois avant par macération de menthe sauvage, thym ou autre plantes, aux articulations des mâchoires et de la languette de détente.

• Le choix des pièges à appât

Pour les pièges à œuf qui, en principe, doivent prendre l'animal par le cou, il faut évidemment que le diamètre des mâchoires soit conséquent ; nous arrivons aux dimensions suivantes : 25 et 30 cm. Ils sont surtout destinés à être posés en faux-nid pour putois, fouines, martres.

Le piège à appât carné ou " Kill-Trap ", diamètre 33 cm minimum, est d'une efficacité redoutable. Il assure la mort quasi-instantanée pour renards, fouines, martres. Il est soumis à des règles strictes d'utilisation. Il ne peut être tendu à moins de 200 mètres des habitations des tiers et à moins de 50 mètres des routes et des chemins ouverts au public.

Il sera appâté avec un appât carné (foie ou volaille crevée) et l'ouverture minimum de ses mâchoires sera de 33 cm. Il sera tendu uniquement en milieu forestier et ce, dans une petite enceinte faite de pieux en bois où seront aménagées une ou deux ouvertures de 15 cm de côté, au maximum. Le relevé de ces pièges doit s'effectuer dans la matinée.

Pour ces deux catégories de pièges à appât, il faut s'assurer du jeu parfait des leviers formant détente et porte-appât, si on veut éviter des mécomptes.

• Le piège à œuf : un engin d'emploi délicat

Ce piège existe en deux dimensions homologuées : 25 et 30 cm de diamètre. Il est basé sur le blocage de la détente par un poids d'environ 60 grammes, représenté par un œuf de poule de ferme. Le piège comprend deux leviers : l'un porteur d'une boule supportant l'œuf à une extrémité en s'enclenchant à l'autre extrémité dans l'autre levier retenant une des mâchoires du piège. Dès que le poids est enlevé, le ressort libéré provoque la fermeture du piège. Ce qui caractérise ce piège, c'est qu'il doit capturer les animaux par la tête. Il faut compter sur un piège de 25 cm de diamètre pour capturer fouines et martres. Or, le moindre caillou, la moindre branchette, qui cale malencontreusement l'un des leviers, rend l'engin incapable de fonctionner. Le piège à œuf doit donc être camouflé sous une couche de couverture, mais attention, il ne faut pas que le poids de cette couverture bloque les leviers, donc, couche de matériaux tamisés et légers indispensables, sinon échec certain. Un autre détail extrêmement important : il ne faut pas que la détente se produise par secousses successives, car l'animal, déjà rendu méfiant par l'appât offert, disparaîtra dès qu'il verra la couche de couverture remuer d'une façon anormale sous l'impulsion du ressort au cinquième libéré. Toutes ces conditions d'emploi font qu'il faut préconiser le piège à œuf :

- Pour les mustélidés, tels que putois, fouines, martres.
- Pour le piégeage dans les granges, greniers, remises à foin (faux nids).
- Avec une couche de couverture fine et légère suffisante pour camoufler le piège.

Le piège à œuf ne peut être utilisé que dans une enceinte ou un jardinet rendant l'œuf invisible de l'extérieur. Autrement, il doit être neutralisé de jour.

• Comment attacher l'appât sur le porte-appât !...

Parmi les mustélidés, nombreux sont les animaux qui, avant de prendre un appât en gueule, s'amusent à le " tâter " de la patte, comme le font très souvent la fouine et le renard. Ceci ne correspond plus au rôle du piège. En effet, si le coup de patte est léger, il ne fait qu'ébranler l'appât, provoquant un début de déclenchement qui fait prudemment prendre le large à l'animal. Si le coup de patte est rapide, il y a 8 chances sur 10 pour que l'animal sorte indemne de l'aventure. La meilleure solution est la suivante : attacher l'appât à l'anneau du piège, par un brin de nylon (de 30/100ème) en donnant 3 cm de jeu à l'appât. Pour cela, on perce un trou de 2 millimètres dans lequel, on introduit un bout d'allumette, long de 2 centimètres attaché en son milieu au nylon, relié à la boucle. On rebouche ensuite le trou avec de la bougie et on pose l'œuf sur la boucle (porte-appât).

• Le " Belisle " : un piège efficace pour le renard

Critiqué à ses débuts, le piège " Belisle " s'avère redoutable dans les mains d'un expert. Avant son homologation en France, des tests furent effectués au Canada, en octobre 1993, avec de nouvelles normes internationales ISO. Ce nouveau piège ou régulateur "Belisle" a permis de capturer 19 canidés et un coyote, avec un taux de réussite de 100 %. Les animaux attrapés ne montrèrent pas de blessures ou alors des blessures sans gravité. Non dangereux pour l'homme, ce piège se révèle d'une très grande efficacité et d'un poids léger, 600 grammes environ (dimensions : 20 x 20 centimètres). Il s'utilise sous formes différentes : en jardinet, au tas de fumier, au tas de sable ou au pendu.

Le principe de ce piège est, dans un premier temps, le déclenchement d'un lacet par la pression exercée par le renard sur une palette sans mâchoire. Dans un second temps, l'animal est capturé par un lacet à la patte. Classé en quatrième catégorie, ce piège nécessite l'agrément piégeur pour son utilisation (arrêté du 23 mai 1984, relatif au piégeage des populations animales).

• Utilisation du piège

L'important est d'obliger le renard à marcher sur la palette. La première étape de l'installation de ce piège passe donc par le choix du lieu de l'installation. Le tas de fumier est efficace, pratiquement toute l'année. Dans un demi-mètre cube de fumier de vache frais, disposé à quelques mètres en bordure d'un bois, ou même au milieu

Pose du piège " Belisle " en bordure d'un charnier entretenu sur une friche.

d'une plaine, on enterre les attaches du piège (piquets et chaînes) et l'on dispose les volailles mortes. On peut tendre simultanément trois pièges autour du tas de fumier. Lors de la tendue du piège, quelques

précautions sont à respecter pour assurer son bon fonctionnement. La première opération consiste à accrocher les ressorts sur leur support, situés sous le piège. Introduisez une pièce de bois d'environ 4 centimètres entre les mâchoires, elle servira à maintenir les mâchoires entrouvertes durant l'armement des ressorts, cette procédure est simplifiée avec les pièges "Belisle" modernes car ils comportent une languette métallique pour écarter leurs mâchoires. Après avoir installé la pièce de bois (petit bout de planchette), placez les mâchoires entre vos jambes ; vous aurez ainsi les mains libres pour mettre le premier ressort en position sur son support. Attention ! Vous devez accrocher le ressort de façon à ce que l'œillet du ressort soit vers l'arrière du piège que nous définirons ici comme étant du côté où se trouve la languette. La tension du premier ressort maintient désormais les mâchoires resserrées sur la pièce de bois. Insérez le lacet entre les deux parties de la mâchoire avant. Quand le piège est tendu, le lacet doit impérativement passer dans la double mâchoire avant, sur les ressorts, au ras des articulations (mais à l'extérieur de celles-ci), entre la mâchoire arrière et la queue du piège, donc aussi sous la détente. La barrette du lacet est glissée dans l'anneau mobile du ressort, l'anti-retour étant croisé avec le câble et situé entre l'anneau armé, à manipuler avec soin. Le piège sera dissimulé sous du menu-fumier.

Ayant été conçu pour ne pas blesser les animaux, avec ses mâchoires rondes à faible pression et aucun angle aigu, ce piège fonctionne de la façon suivante : quand il se déclenche, le lacet n'est pas fermé ; c'est le renard, en emmenant le piège au bout de sa patte, qui ferme le lacet. Autrement dit, aussitôt qu'une tension latérale est appliquée sur le ressort, il se désengage, désactive les mâchoires et le piège tombe au sol, tout en restant attaché au lacet. Le piège réel n'est pas le mécanisme avec ses mâchoires mais bien le lacet muni d'un anti-retour.

Pour le piège " Albert " homologué, les règles d'utilisation sont les mêmes que celles du piège " Belisle ".

III – DES PETITS AMENAGEMENTS CONCRETS DE TERRAIN

• Création de revoirs

Dans le but de se rendre compte exactement du mouvement des nuisibles habitant sur le territoire de chasse, on créera des revoirs sur les coulées existantes, sur les points de passage présumés de ces fauves et aux gueules des terriers.

A cet effet, sur les coulées, on choisira les zones où le terrain est meuble et susceptible de garder l'empreinte des pattes des " indésirables ". Sur ces places, on ameublira la terre, puis on l'égalisera avec une branche de façon à obtenir une surface plane sans stries (surtout dans le sens de la coulée). Dans les coulées sur terrains impropres à cette préparation, on se contentera de nouer par leur pointe deux brins d'herbe (l'un à droite, l'autre à gauche de la coulée), ou encore, ainsi qu'on opère pour les terriers en sols rocheux, on mettra en équilibre deux ou trois brindilles sur la coulée de façon à la barrer discrètement ; parfois, un seul brin piqué légèrement en terre suffira. Sur les murs, on créera des revoirs avec de la cendre, du sable très fin, du poussier de charbon, du plâtre.

Variation de l'impression des traces : Sur le sable (ou poussière) : les traces s'élargissent (qu'il soit sec ou mouillé) ; s'il y a du vent, elles sont vite déformées ou même comblées et paraissent vieilles ; par gelée, les bords s'égrènent ; par pluie, les bords s'émoussent.

Sur la terre argileuse : les traces tiennent longtemps s'il ne pleut pas dessus, on peut les prendre pour fraîches ; s'il pleut, les arêtes s'émoussent ; en général, si l'eau qu'elles contiennent est trouble, elles sont fraîches ; si elle est claire, elles sont vieilles, sauf si cette eau provient d'une rigole d'écoulement.

La vase élargit les traces et les déforme ; même remarque que ci-dessus quant à l'eau qu'elles contiennent.

Sur les rochers, les traces se borneront à des traînées dues aux griffes, ou à des empreintes de boue.

Sur la neige, si fraîches les traces sont à arêtes vives ; si vieilles les bords sont arrondis, le fond est dur, l'empreinte est enfoncée et floue.

Sur les cailloux : les traces sont invisibles, sauf aux montées ou aux descentes, où l'on voit des traînées dues aux pattes.

Sur les feuilles : si elles sont humides, on peut trouver traces de feuilles enfoncées, mais sans beaucoup d'autres indications, surtout pour les animaux de faible poids.

Si gelée blanche, les traces sont visibles jusqu'à la fonte, sous forme de tâches apparaissant plus foncées.

Si rosée, les gouttelettes tombées indiquent les traces ; la hauteur des herbes foulées indique la taille de l'animal.

Sur les herbes : si elles sont couchées, piétinées dans les traces, la voie est fraîche, la pointe des herbes indique la direction de marche.

En terres labourées, les traces sont parfois très nettes si la terre est trempée, visibles par place si la terre est sèche. Très nettes également sur les champs passés au rouleau.

Mais, pour toutes ces traces, il faudra " comparer l'empreinte à une fraîche que l'on fera à côté " avec le bout de son doigt. De plus, il faudra tenir compte des variations de l'état atmosphérique ; par exemple, si la neige est tombée du matin, elle aura effacé les traces de la nuit ; donc, ne pas déduire qu'aucun animal n'est passé sur le canton. Pareillement, ne pas déduire qu'il n'y a pas de traces puisque la rosée est égale partout : la rosée a pu se produire postérieurement au passage de l'animal ; de même, les fils de la vierge, les toiles d'araignées aux gueules des terriers, qui ont pu être tissées après la rentrée.

Un autre facteur très important est aussi l'exposition du lieu où l'on

Coulée de fauves en sous-bois. En aménageant un placeau, il sera facile d'identifier les animaux qui empruntent la coulée.

revoit. Si ce lieu est à l'abri et à l'ombre, les traces tiendront longtemps ; si, au contraire, il est exposé au soleil, au vent, à la pluie, elles seront plus fugaces. Il y aura donc lieu de tenir compte de ce facteur pour établir les revoirs, et pour en tirer des déductions convenables.

Les traces donnent des indications sur l'âge de l'animal par leurs dimensions, sur l'espèce d'animal par leur forme, même par certains détails que seule la pratique peut enseigner sur le sexe de l'animal. Elles indiquent l'allure et la direction suivie par l'animal, enfin et plus approximativement, depuis combien de temps, l'animal est passé.

• Revoirs pour renard et leurs interprétations

(le terrier est-il bien habité ?)

Le revoir, c'est la vieille méthode consistant à créer une zone nette et meuble sur laquelle s'imprimeront les traces des animaux qui la traverseront. Dans la préparation de ces revoirs, il faudra toujours opérer avec le maximum de silence, de discrétion et de rapidité. Se rappeler que souvent, l'accul du terrier est placé sous les gueules d'entrée d'où nécessité absolue d'opérer, comme une " ombre ". Dans l'interprétation des revoirs se méfier :

- des sorties en marche arrière exécutées par les animaux,
- des simples visites, se traduisant par une entrée et une sortie qu'on peut prendre pour la sortie de la veille au soir,
- des animaux non sortis pendant la nuit,
- Attention : au moment des petits, au moindre soupçon, la renarde décampe avec toute sa progéniture.

Emploi des bâtonnets

Les bâtonnets sont de simples branchettes plus longues que la hauteur d'entrée du terrier, dressées verticalement en forme de grille devant les terriers ou parallèlement au sol dans la gueule même. Placés de jour, ils n'indiqueront le plus souvent qu'une sortie et, si l'animal rentre après, par la gueule de sortie, on ne pourra rien déduire, et pourtant l'animal sera présent au terrier. Placés au milieu de la nuit, les renseignements fournis par les bâtonnets et les revoirs sont plus intéressants, car les animaux étant sortis, seules, les rentrées seront vraisemblablement marquées. L'inconvénient du système réside en ce qu'il effraie souvent les animaux au point même de les empêcher de rentrer.

L'astuce : le fil gris

Une astuce qui donne de très bons résultats tout en étant excessivement simple. Comme matériel, une bobine de fil gris, noir ou marron, assez solide, une vingtaine de vieux clous de 4 centimètres et une vingtaine de petits cailloux plats, c'est tout !... C'est simple et applicable partout.

Comme mode d'emploi : couper une longueur de fil supérieur de 10 centimètres à celle de la hauteur des terriers. On noue une extrémité du fil à la pointe (clou) et à l'autre, on attache un petit caillou. Ceci fait, il reste simplement à enfoncer ou à coincer la pointe au sommet de la voûte du terrier, ce qui est possible à peu près partout (même en terrain rocheux, on trouve une fissure pour placer la pointe). On place alors le petit caillou à l'aplomb du fil dont l'excédent traîne à terre.

Que va t'il se passer ?... Si l'animal sort, le fil sans l'effrayer va suivre son mouvement et déplacer le caillou vers l'entrée ; si, par la suite, il rentre par cette même sortie, le fil obéissant à la nouvelle poussée va se porter vers l'intérieur du terrier, et ceci autant de fois que l'animal fera la manœuvre. Le rôle du petit caillou est simplement d'empêcher que le fil adhère à la voûte au premier passage de l'animal ; son poids oblige le fil à retomber.

• Mise en place des charniers d'hiver

Dès novembre, choisissez en plaine et loin des bois abritant les carnassiers, un endroit aussi solitaire que possible. Si vous pouvez disposer d'un plateau dominant une vallée, l'emplacement est à préférer. A l'endroit choisi, creuser une fosse de dimensions appropriées pour y enterrer les petits animaux de basse-cour crevés (poules, lapins, moutons). Jetez dans la fosse ces débris et recouvrez sommairement avec de grosses pierres qui, tout en laissant transpirer l'odeur du charnier, empêcheront les fauves de s'emparer des charognes.

On peut tout aussi bien constituer de tels charniers en forêt, aux endroits reconnus comme étant fréquentés par les prédateurs. Deux ou trois charniers bien entretenus assureront aisément la surveillance d'une chasse de plaine de 500 hectares.

Une fois les charniers en place, on se contente de visiter ces emplacements à seule fin de suivre les attaques des prédateurs qui y viennent, petit à petit et prennent confiance chaque jour. On s'en convaincra en voyant les grattis faits par eux pour s'emparer de la

Création d'un charnier en plaine. Des pièges tendus autour seront particulièrement prenants.

chair en décomposition qui gît sous les pierres, et aussi par les laissées caractéristiques que les renards déposent autour des charniers. On peut utilement, à chaque visite, renforcer l'attrait des lieux en semant aux alentours des débris tels que pattes et têtes de volailles, bref toutes friandises à l'usage des nuisibles. Puis, il faudra tendre autour de chaque charnier une batterie de trois à quatre pièges. Les prises ne se feront pas attendre !...

• Création rapide d'une hutte à becs droits

Des douze mois de l'année, Mai et Juin sont incontestablement les plus favorables à la chasse des becs droits, à la hutte avec le grand duc articulé. L'établissement d'une hutte, très simple en apparence, demande plus de connaissances pratiques que généralement on ne le pense. Une hutte doit être placée en un lieu découvert, sur le passage étudié d'avance des becs droits (pies bavardes, corneilles noires), car les oiseaux ont leurs coulées dans le ciel. On creuse un trou de dimensions convenables, autant que possible sur un point culminant de la plaine, en lisière d'un boqueteau, d'un talus boisé, d'une haie.

On couvre ce trou avec des roseaux, des branchages, des genêts, de manière à donner à cette couverture l'aspect d'une butte naturelle.

L'entrée, creusée en pente dans le sol, est masquée par des branches. Si l'on fait une porte en planche, on cloue dessus de la mousse et de l'herbe. Du côté opposé à cette porte, on aménage plusieurs meurtrières. Juste en face, on plante à une trentaine de mètres, dans la plaine, un perchoir sur lequel on place le grand duc articulé que le garde chasse (ou le chasseur si la chasse est ouverte), assis dans l'intérieur de la hutte, ne perd pas de vue un seul instant. Les becs droits qui passeront vont fondre sur leur ennemi de toujours. Reste au tireur à choisir le moment favorable pour les tirer. L'instant, le plus valable pour le tir des becs droits à la hutte, est le matin jusqu'à dix heures et depuis trois heures jusqu'à la chute du jour.

• Le jardinet d'été

En Juin, le jardinet sera édifié en terrain découvert, sur les friches solitaires, près des abreuvoirs, des sources fréquentées à l'aube par les carnassiers. Le jardinet d'été ne diffère en rien de celui utilisé l'hiver dans le bois : c'est une barrière sommaire faite de rameaux sans feuille, piqués en terre suivant le schéma d'un fer à cheval dont l'entrée est gardée par un piège du type " Belisle ". Comme en saison chaude, une amorce de chair serait vite gâtée et envahie de mouches à viande, comme d'autre part, c'est surtout la vue qui dirige les recherches des nuisibles, en cette saison, rien de mieux qu'une poignée de plumes de volailles sur laquelle on pose un œuf.

• Un sentier de piégeage propre et silencieux

Le sentier de piégeage au bois doit être soigneusement entretenu et débarrassé de toutes branches mortes, brindilles, feuilles tombées au sol. Il faut donc utiliser un râteau à gazon et débarrasser les sentiers de piégeage de leurs feuilles mortes en évitant de les pousser du mauvais côté (vent dominant) faute de quoi, le vent va se faire un malin plaisir de les remettre exactement là où on a tant peiné pour les enlever.

• Petits mais utiles revoirs

Le revoir est très utile pour déceler la présence des renards, des blaireaux et autres mustélidés circulant la nuit. Il suffit d'entretenir de loin en loin, sur sentier, des places de terre ameublie (1 m de long sur 1 m 30 de large). Il faut en disposer également à l'entrée des terriers dont on veut connaître les habitants.

Lorsqu'un tronc mort traverse un fossé, un petit cours d'eau, en ameublissant la terre des deux côtés de l'obstacle, vous décelez immédiatement l'identité des bêtes qui le franchissent.

• L'assommoir perché et son système de détente

La pièce maîtresse d'un assommoir est constituée par la masse tombante, masse qui écrase l'animal. Cette masse, en ce qui concerne l'assommoir perché, est multiple, formant une surface écrasante (rondins accolés solidaires les uns des autres et couvrant une surface dans leur chute).

Dès que l'animal déclenche le système de détente (le 4 de chiffre en appuyant sur une marchette), il se trouve exactement sous la masse tombante, cette dernière agissant automatiquement sur les épaules de l'animal, le tuent immédiatement. On cherche souvent à obtenir un effet de cisaillement brisant plus sûrement la colonne vertébrale. Mais pour réaliser cette condition, il faut calculer la distance entre l'extrémité de la détente portant l'appât et la ligne des épaules du carnassier au moment où il place ses pattes extérieures sur le rondin de base recevant la masse écrasante. (L'appellation 4 de chiffre provient de la forme figurée par l'assemblage des trois morceaux de bois qui la composent). Le bois, matière indispensable à l'édification de l'assommoir perché se trouve généralement sur place. De plus, ce genre d'assommoir ne risque pratiquement aucun accident pour le gibier.

IV – UTILISER AVEC EFFICACITE LES BOITES A FAUVES

• Remarque importante dans l'utilisation des boîtes à fauves

Ne pas oublier qu'il faut que la boîte ait une longueur suffisante pour que les portes se ferment quand l'animal est presque en entier entré dedans, c'est-à-dire qu'il faut que la longueur entre le milieu de la palette et le bord de la porte soit au moins égale aux trois quarts du corps de l'animal. C'est là, souvent, une cause de raté qu'on ne s'explique pas tout d'abord.

Un renseignement intéressant : certains animaux ont la mauvaise habitude (pour le piégeur) de sauter la palette et ainsi de ne pas faire déclencher la fermeture des portes. Il y a lieu, dans ce cas, de tendre au-dessus de la palette et en travers de la boîte (dans le sens de la largeur), deux fils de fer galvanisé, l'un à trois centimètres, l'autre à six centimètres. L'animal voulant sauter se butte dans les fils pour tomber sur la palette. Ceci est intéressant pour la fouine, fervente du saut en longueur.

• Comment utiliser la boîte tombante avec appât

Le rôle normal de la boîte tombante est de remplacer la chatière et autres boîtes à fauves. Toutefois, elle est toute indiquée pour servir de piège à appât ; il suffit de la doter d'une détente en conséquence et il faut que cette détente soit aussi douce et rapide que possible.

Pour mémoire, les caractéristiques de cette boîte sont les suivantes :

Bois solide de hêtre ou de chêne. Dimensions 0,70 m x 0,60 m x 0,30 m ; épaisseur 2 cm à 2 cm 5. Le couvercle est fait d'un grillage à petites mailles solides et est renforcé par des traverses de 3 cm x 3 cm, espacées de 2 cm. Détente au moyen d'un bâtonnet en bois dur, entaillé et posé en équilibre sur le devant (voir croquis). Si nous employons la boîte tombante comme piège à appât, elle se placera non plus sur le sentier à fauves, mais sur le côté de celui-ci, soit tangente au sentier, soit un peu en retrait de 1 à 2 mètres et s'abattant perpendiculairement au sentier.

Bien entendu, le lit de briques formant la base de chute sera installé ; on pourra le remplacer par de solides planches enterrées mais, comme il s'agit là d'une installation de longue durée, autant employer des briques plus résistantes. Le tout est de bien choisir

l'emplacement.

Le système de détente n'a rien d'une innovation : l'ensemble du système comprend un bâtonnet en bois dur (genre noisetier) de 30 cm de longueur sur 3 cm de diamètre. Ce bâtonnet est coupé en son centre en deux éléments identiques se superposant tels deux L majuscules, un placé à l'endroit et le deuxième en superposition à l'envers (voir croquis). Du centre de l'élément du bas part un fil en laiton dont l'extrémité est fixée sur la partie arrière de la boîte au ras du sol. La partie avant de la boîte tombante est donc posée en équilibre au sommet des deux éléments rassemblés.

L'appât sera placé sur le fond de la boîte avec un jeu de 5 cm afin que l'animal le prenant en gueule ou le tâtant de la patte ne sente aucune résistance initiale, grâce au jeu réservé. Le reste se devine.

Dans ses mouvements, il posera automatiquement une patte sur le fil de laiton qui s'abaisse, ce qui occasionne le déséquilibre des bâtonnets et la chute de la boîte tombante. Tout est excessivement simple à monter et cette boîte s'avère, tendue ainsi, très prenante.

• Comment bien piéger le putois

La boîte à fauve de bonne dimension peut se placer sur le passage du putois, c'est-à-dire le long des fossés qu'il fréquente et sous les tuyaux de drainage. Le sentier de ronde peut également donner de bons résultats, bien que le putois ne suive pas aveuglément le même itinéraire quotidien. Auprès des grillages des volières à gibier, les captures sont plus certaines parce que l'appât d'une aubaine sans cesse renouvelée invite davantage le putois à suivre le pourtour du grillage pour chercher une ouverture qui lui permettre de pénétrer dans le sanctuaire interdit. Auprès des clapiers, il faut tendre dans l'ouverture déjà pratiquée, et en ayant soin, bien entendu, de clore la boîte du côté de la sortie avec une vitre solide, bien transparente, de manière à ne pas éveiller la méfiance de l'animal à capturer.

Le piège à œuf donne également des prises intéressantes, mais l'appât doit toujours être fixé assez solidement, car le putois a l'habitude de traîner l'œuf avant de le perforer et pourrait, le cas échéant, ne pas se faire prendre.

Au printemps, le piégeage au charnier est fructueux pour deux raisons : d'abord, parce qu'après les récents jours de disette, le putois n'a pas grand-chose à se mettre sous la dent et aussi parce que, lorsqu'il a pu assouvir sa soif de sang en faisant quelques victimes, il revient au charnier. Une batterie de pièges, habilement dissimulée sous de la menue paille ou autre matériaux fera bonne besogne.

Le piégeage au jardinet demeure, comme toujours, une sentinelle vigilante en forêt. Le putois de passage s'y fait prendre à condition de lui présenter un appât convenable (tripailles de lapin).

• Boîtes à fauves : les indispensables goulots !...

Il ne faut pas installer tout simplement les chatières ou boîtes à fauve dans le milieu du sentier de piégeage dans l'espoir que les animaux passent dedans en continuant leur trajet. Il faut installer, pour éviter qu'ils ne se détournent, à environ deux mètres avant d'arriver au piège et de chaque côté du sentier, une petite haie de branches ou de genêts, qui empêcheront les animaux engagés dans le sentier de se détourner pour éviter l'obstacle. Cette " haie " aura 0,50 m de hauteur.

• Utilisation des boîtes à fauves : les erreurs à éviter !...

La question de dimensions intervient en premier : si le corps de l'animal est plus long que la distance qui sépare l'entrée du point de

Boîte à fauves installée le long d'une haie de plaine. Un excellent endroit !...

basculement de la palette ou du dispositif de déclenchement, l'animal recevra la porte sur le dos sans être complètement engagé dans la boîte. Il pourra donc très bien s'évader. Quant aux dimensions générales des boîtes à fauves ou chatières, elles sont évidemment appropriées aux animaux qu'elles sont susceptibles de capturer. Les bonnes dimensions pour capturer fouines, martres, jeunes renards et putois sont : 1 m de long sur 30 cm de large et 35 cm de hauteur. Une porte grillagée doit pouvoir résister à la dent des carnassiers captifs, car cette dent est puissante (le grillage à mailles carrées et soudées est vivement recommandé). En ce qui concerne la palette, on la préférera de niveau avec le fond de la boîte, et, ce qui est mieux, on recherchera les boîtes dont le fond constitue les palettes. Toute palette surélevée risquera d'être sautée par le carnassier qui sera entré dans l'engin. Dans ce cas, aucune capture ne pourra être faite, et la boîte restera continuellement ouverte. Seul un contrôle des boîtes à l'aide de revoirs pourra permettre de se rendre compte de ce qui arrive.

Un point très important à surveiller continuellement est le libre jeu des chambrières qui souvent se bloquent par la rouille, l'humidité, etc... A l'achat d'une boîte, il faut évidemment vérifier ce jeu et s'assurer que les chambrières bloquent bien hermétiquement les palettes ou les portes tombantes. Pareillement, le libre jeu des palettes est l'objet de révisions continuelles. Dans les portes à glissières, il faut non seulement surveiller le bon aplomb de la boîte, mais également le jeu nécessaire à la chute totale de ses portes.

Je n'aurai garde de passer sous silence la faute grossière qui consiste à passer les boîtes à la peinture pour assurer leur conservation.

• L'appâtage des " chatières " n'est pas recommandé !...

La " chatière " est généralement tendue sur sentier de piégeage, c'est-à-dire capturant sur le passage des animaux ; l'animal entre dans la boîte parce que celle-ci est le prolongement normal de la trajectoire qu'il suit. Elle ne s'appâte pas !... Tout au plus, peut-on conseiller, quand les chatières sont neuves, de vider à l'intérieur le contenu d'une vessie de lapin ou de placer les boîtes pendant quelques jours dans des clapiers de lapins.

Il ne faut jamais " désinfecter " la chatière après une capture. Le séjour d'un animal (putois, martre, fouine) ne peut qu'imprégner la boîte d'une odeur mettant en confiance les animaux qui s'y présenteront par la suite.

• Un moyen de conserver en bon état les boîtes à fauves

Quand vous posez une boîte sur un sentier, creusez un trou sous la boîte et faites reposer celle-ci sur deux grosses pierres plates à chaque extrémité, en réglant la profondeur de façon que le fond de la boîte soit au niveau du sol du sentier. Il est également bon de percer quelques trous de 3 à 4 millimètres de diamètre dans le fond des boîtes. Ceci particulièrement pour celles qui ont un fond en cuvettes (celles à palettes relevantes formant portes). Les animaux capturés, urinant sur ce fond, mieux vaut favoriser l'écoulement de ce liquide que d'en saturer le bois.

• Mise en place de la boîte tombante

L'installation d'une boîte tombante sur un sentier à fauves nécessite la mise en place d'une base solide, à l'abri des grattis et des coups de dents des animaux captifs qui auraient vite fait de s'évader en creusant un tunnel sous les côtés de la boîte. La constitution de cette base demande l'apport de grandes pierres plates ou d'un petit lot de briques. Une fois ce matériel en main, il faut l'installer de façon qu'il offre un plan horizontal susceptible d'assurer une chute correcte de la boîte. En général, une fois placée, la boîte tombante ne bougera plus de place. C'est pourquoi, il faut choisir l'emplacement idéal. Autre remarque technique : la boîte tombante est destinée à capturer l'animal au passage (ou attiré en fond de boîte pour un appât), alors que celui-ci pèse de son poids sur la palette qui amène le déclenchement de la chute.

Le système de déclenchement est soit le " 4 de chiffre ", soit les deux bâtonnets placés en équilibre !... Ce système est très facile d'emploi. De plus, que le prédateur marche sur le fil de détente, un laiton, où qu'il s'y frotte légèrement, le déclenchement est immédiat.

• Dimensions à observer pour les boîtes à fauves

- Chatière : longueur 1 m 20. Entrée 30 cm de haut et 20 cm de large.
- Putoisière : à double entrée : 1 m de long. Entrée 15 cm de haut et 12 cm de large. A une entrée : 60 cm de long. Entrée 15 cm x 12 cm.
- Belettière : les modèles les plus courants et à recommander sont à une seule entrée de 6 cm x 10 cm et de 50 cm de long.

Il faut que la longueur de ces boîtes permette à l'animal d'être complètement entré quand les portes se ferment ou que les palettes se lèvent pour obstruer les sorties.

Modification utile à apporter à tous ces engins : ajouter aux deux extrémités des palettes et sur leur face supérieure (les palettes étant en position de capture), deux petites plaquettes de tôle empêchant les animaux captifs de ronger ces extrémités, car ce sont là les deux endroits où les dents des captifs font des dégâts.

• Des tours de main employés par les " vieux " piégeurs

Il est conseillé de ne pas désinfecter une boîte à fauves après une capture !... Car rien n'attire plus un mustélidé (et un animal en général) que l'odeur laissée par un de ses semblables ou par l'odeur d'un animal figurant à son menu habituel.

Placer les boîtes neuves dans une cage à lapins, faire couler de l'urine de lapin ou de lièvre dans les boîtes, les imbiber du sang d'un gibier sont autant de tours de main qu'emploient parfois les vieux gardes-piégeurs. Dans ce domaine, l'huile de hareng saur est une odeur facile à confectionner et d'un réel pouvoir attractif.

Le piégeur a repéré des coulées de nuisibles. La pose de "chatières" et de "belettières" s'impose.

V – BIEN POSER LES BELETTIERES ET COMMENT LES RENDRE ATTRACTIVES

• Belettières : les meilleurs endroits de pose

Les belettes circulent nuitamment et, en général, là où l'herbe ne pousse pas, où la végétation, retenant la rosée ou la pluie, les détournent de s'y engager.

Les talus qui avoisinent les chemins d'exploitation de cultures sont d'excellents endroits : une belettière à chaque extrémité fera de nombreuses prises. Les buissons isolés sont souvent visités par les belettes. Une belettière vous apprendra vite si la place est à retenir. De même, les à-dos de fossés, jamais dans le fond de la tranchée. L'exposition midi-est est à rechercher parce que plus chaude.

Les bords de ruisseaux, souvent longés par un sentier bien battu, sont excellents, ainsi que partout où le sol est net et dépourvu de végétation.

Au bois, on piégera à l'entrée des layons ; le long du bois, si un sentier y est tracé ; au pied d'un tas de bois.

Pour mémoire : la belette ne tue qu'une volaille à la fois, surtout des poussins, qu'elle laisse sur le sol. Cela est vrai pour des poussins ou des levrauts d'une certaine taille. Mais des perdreaux de moins de quinze jours sont emportés en gueule jusqu'à son terrier et consommés intégralement. Même remarque pour les œufs qui ne sont pas pillés sur place mais emportés l'un après l'autre.

• Comment rendre les belettières attractives

Le bois est la matière qui paraît la plus efficace pour la fabrication de belettières, car il retient bien les odeurs.

Le séjour d'une belette dans une belettière en bois attire invariablement les autres belettes du secteur. C'est pourquoi, il ne faut pas oublier d'enterrer les prises mortes sous la belettière en place.

On peut rendre également les belettières très attractives en les faisant séjourner, trois à quatre jours dans du fumier de lapin ou mieux en imprégnant les planchettes basculantes d'urine de souris.

Pour cela, il suffit de placer des souris blanches de laboratoire (à se procurer dans le commerce) pendant quelques heures dans les belettières. Renouveler l'opération si nécessaire.

• Mise à mort des belettes

Il arrive parfois de trouver la prise morte dans le piège, mais, dans le cas contraire, se munir d'un petit sac pour faire la tournée des boîtes. Après avoir ensaché l'entrée de la belettière, en ayant soin de bien serrer le sac contre les parois, déclencher la béquille d'arrêt de la palette et, en secouant la boîte, faire tomber l'animal dans le sac. Il ne reste plus qu'à l'euthanasier.

• Belettière à double usage

La belettière de plaine mesure 40 à 45 centimètres de longueur. C'est très suffisant pour y loger une belette. Mais en bordure de bois, il est prudent d'user d'un modèle où un putois peut entrer et de porter la longueur à 65 centimètres. Si on fait fabriquer ces boîtes par un menuisier local, il est préférable de remplacer le grillage de fermeture arrière par un morceau de verre double, coulissant dans deux rainures et qui, entre autres avantages, possède celui de ne jamais s'endommager.

• Bien poser la belettière

Au début du mois de Mai, il est grand temps de répartir les belettières sur la plaine. Je recommande l'utilisation de boîtes en bois de chêne, un matériau pratiquement imputrescible. Si on utilise des belettières en bois de sapin, par exemple, il est matériellement impossible qu'après huit ou dix mois de séjour en plaine soit, la saison suivante, de la réutiliser. Il y a un moyen d'en prolonger la durée ; durant l'hiver, il faut les peindre à deux couches de peinture à l'huile, teinte neutre (gris, vert ou brun). On peut encore confectionner pour chacune d'elles une chape protectrice avec un morceau de tôle qui protège les deux côtés et le dessus et sur lequel on pose les mottes de gazon qui dissimule la trappe. Ces deux procédés n'empêchent pas d'interposer une pierre plate aux deux extrémités de chacun pour éviter le contact immédiat avec le sol. Rappel : les belettières confectionnées en bois ne doivent jamais être enduites de carbonyle ou similaires, dont l'odeur éloigne les "fauves" (idem pour les chatières). En tous cas, l'emploi de la belettière reste toujours le même : pose au bas des haies, des talus, des sillons qui longent les ensemencements céréaliers ; déplacer celles qui ne prennent pas au bout d'un certain temps ; et comme corollaire, stabilisation de celles qui ont réalisé une capture.

Pour mémoire : la belette visitera seulement les belettières dont l'entrée visible n'est pas noyée au sein de la végétation. Cette condition peut être remplie par la création rapide d'un léger sentier d'accès, réalisé en quelques coups de binette de jardinier.

• La belettière, un engin simple mais attractif !...

La belettière est une invention du garde chasse allemand Clausius. Quand vous avez prévu l'emplacement de la belettière, vous abaissez

La belettière en bois dur avec son entrée ronde est excellente. Les belettes y donnent très bien.

graduellement le terrain sur la place qu'elle doit occuper, de façon à ce que la partie grillagée se trouve en contrebas, et qu'ainsi la planchette à bascule se présente à plat, de niveau avec l'entrée. Pas besoin d'outillage pour cela, quelques coups de talon suffisent. Une fois la belettière mise, pas d'autres préparatifs ne sont nécessaires : vous pouvez couvrir la boîte d'une poignée d'herbes, en laissant les deux extrémités bien libres : il faut que l'animal qui se présente à l'entrée voie le jour à l'autre bout. Cet engin, un simple conduit en bois, exerce une attraction énorme sur les belettes. Son emploi est d'une facilité telle que le premier venu peut l'utiliser sans initiation préalable, et son efficacité est si grande, si complète que son usage devrait s'affirmer sur toutes les chasses.

• Connaître les lieux de prédilection de la belette

Ce que chacun doit savoir, c'est que les belettes ont horreur de l'humidité et des rosées matinales, qu'elles aiment à rechercher leur vie sur les champs nouvellement moissonnés, que l'approche de l'orage les surexcite et les met en mouvement, et que lorsque l'hiver est proche, elles aiment les lieux plus chauds. Il en résulte que, les sentiers bien battus, les talus bien exposés au soleil levant, qui aspire

La belettière sera placée dans une ancienne raie de charrue. Un petit sentier propre sera aménagé devant.

la rosée de la nuit, sont de préférence les lieux de fréquentation de ces mustélidés et que les belettières tendues le long des sentiers et aux flancs des talus bien exposés, donneront de bons résultats, surtout par printemps pluvieux ; qu'il est bon de tendre en bordure des champs que l'on moissonne et où les premiers jours que le sol est découvert, la fréquentation de ces animaux est intense, car ils y trouvent : menus rongeurs, insectes et souvent œufs de nids abandonnés par les couveuses, par suite de la fauchaison des récoltes sur pied.

Si vous appréhendez une période d'orage, tendez sur les bas côtés des voies. En octobre, quand les nuits commencent à être froides, les belettes entreront plus volontiers dans les boîtes imprégnées de la chaleur d'un soleil d'après-midi.

• Pose des belettières le long des volières d'élevage

La belette a des zones favorites, qu'un observateur apprend vite à connaître. Vagabonde, elle exploite successivement des terrains de chasse mais les volières d'élevage d'oiseaux-gibier sont, pour elle, des lieux de prédilections. C'est pourquoi, le piégeur leur réservera une dotation suffisante de belettières, celles qui n'auront rien pris dans les cinq jours seront changées de place et passeront dans la nouvelle

Les lièvres gîtés sont une proie facile pour la belette !

zone à prospecter... Toutes ces belettières mobiles seront à une seule entrée.

Pour les belettières fixes, on pourra employer le modèle à deux entrées, particulièrement à la base des clôtures des volières d'élevage ou de volière d'appel. Si on n'en dispose pas, on accolera deux belettières simples.

Il est inutile d'appâter les belettières, on pourra cependant les " parfumer " en leur vidant dessus le contenu d'une vessie de lapin quand elles sont neuves.

Après la première capture, l'odeur qu'elle y laissera suffira à attirer les autres, et gardons-nous bien de laver cette boîte.

L'entretien des belettières se résume à garantir le fond contre l'humidité et le bout des palettes contre la dent des captures.

• Placer les belettières " tête-bêche "

Si on dispose de clôtures grillagées (volières à oiseaux-gibier), offrant un obstacle au passage des belettes, on fera un minuscule sentier, large de 10 cm environ (largeur d'un fer de binette de jardinier) longeant la base de cet obstacle et on y placera les belettières, soit directement dessus et, dans ce cas par deux boîtes apposées pour capturer quelque soit le sens d'arrivée des belettes. Soit perpendiculairement, l'entrée donnant sur le sentier. Dans ce dernier cas, on camoufle l'entrée par cinq ou six grosses pierres et une poignée de mousse ou de feuilles par-dessus.

Un conseil : Quand vous aurez fait une capture dans une belettière, gardez-vous bien de la nettoyer ou de vouloir la désodoriser, elle a la meilleure odeur susceptible de vous amener d'autres victimes.

VI – REGULATION DES PREDATEURS PAR LA CHASSE AU " PIPEAU "

Ce qui suit est réservé au garde particulier qui seul peut tirer les prédateurs hors période de chasse.

• Renard : utilisation du " hasenquake " !...

Tous les animaux de la création viennent à l'appeau quand on le manœuvre adroitement ; le renard n'aurait garde d'être une exception et il suffit d'imiter le cri d'une de ses victimes coutumières : lièvre, lapin ou souris pour le faire accourir et... le tirer parfois à bout portant. Les chasseurs allemands ont inventé la petite trompe de bois, dont le son nasillard et tremblé, imite assez facilement le " couinement " du lièvre pris au lacet ou appréhendé par une hermine, cet appeau c'est le " hasenquake " ou, pour parler français, le " cri du lièvre ".

Il suffit d'émettre cet appel dans un bois recelant des renards gîtés pour avoir la chance d'en tirer en toute facilité. De plus, le lièvre, le lapin, espèces victimes, étant le pain quotidien des carnassiers et becs droits de tout acabit, il est loisible de croire que leur cri angoissé, rallie également les corneilles noires et les pies bavardes.

Voici les précautions indispensables pour avoir quelques chances de réussite :

- Se chausser de caoutchouc afin de pouvoir circuler sous-bois sans se faire entendre.
- Bien étudier le terrain et chercher les endroits fréquentés régulièrement par les renards.
- Ne sortir que par temps chaud, sans aucun vent.
- Se vêtir d'habillement couleur " muraille ".
- La perfection dans l'imitation n'est pas nécessaire ; le tout est d'éveiller la curiosité de l'animal à réguler et n'était l'ampleur de l'appel émis par le " cri du lièvre ", on arriverait à un résultat identique en imitant le cri de la souris, par friction d'un morceau de liège sur une plaque de verre.
- Ne pas appeler plus d'un quart d'heure à la même place ; on lance plusieurs couinements et on attend quelques minutes, l'œil et l'oreille aux aguets, le fusil en main, avant de reprendre un second

couplet. Si rien ne vient, on s'éloigne sans bruit et l'on recommence 300 mètres plus loin.

• L'appeau au " mulotage "

Avec l'appeau entre les mains du chasseur, du garde-chasse matinal, il est facile d'attirer à portée, au matin et au crépuscule, le renard qui " mulote " dans la plaine en bordure des bois, guette les taupes et chasse à l'approche les lapereaux insouciants. Le moindre cri émis (souris ou lièvre blessé) le fera accourir à la condition toutefois qu'on le tienne toujours sous son vent. On peut " piper " en aspirant sur le dos de la main mais le cri du lièvre est préférable à tout et peut être utilisé par les moins habiles.

• La chasse à la pipée

Tous les animaux sont sensibles aux bruits, cris et résonances qui éveillent chez eux le besoin, le désir, l'instinct ou la simple curiosité. Un carnassier ira vers les cris poussés par un animal dont il fait sa proie et l'attirance sera d'autant la plus grande que les clameurs de la bête dénoteront qu'elle est dans l'impossibilité de fuir ou de résister. C'est ainsi que la plainte d'un animal pris au piège ou blessé fera venir les carnassiers du secteur.

L'homme qui fréquente les bois, qui sait voir, qui sait entendre, aura vite compris la signification des divers cris des oiseaux et des animaux et, avec un peu de pratique, arrivera à les imiter suffisamment bien pour tromper les intéressés et les faire venir à lui.

- On pipe les geais, pies et corneilles, en aspirant fortement, lèvres serrées, sur le dos de la main.
- On attire le renard par le cri du lièvre blessé.
- On arrête la fuite de la belette et on la fait même revenir en susurrant le cri de la souris, par un fil d'air aspiré entre les lèvres.
- Les grives viennent par une succession de petits baisers précipités sur le dos de la main.
- Un simple brin de paille dans lequel on aspire, fait entendre un petit cri aigre qui attire, belettes, lapins et renards.

Quand le temps est pour changer, à l'apparition de la pluie ou à l'annonce d'un orage, les belettes ne tiennent plus en place et se meuvent en tous sens. Il faut alors aller vers les chemins de haies et pour peu que ces haies soient fréquentées par les belettes, on en voit fréquemment traverser le chemin devant soi ; c'est alors que l'on peut user utilement de nos talents de pipeur.

• Imiter le cri de la souris pour réguler la belette

Assez fréquemment en cours de chasse, on aperçoit une belette qui se glisse dans un buisson, une haie, un trou quelconque. Le petit mustélidé disparaît si vite qu'on ne peut pas lui envoyer le coup de fusil qu'il mérite. Parfois aussi, il est trop loin.

Voici un moyen infaillible pour tirer toute belette que l'on voit quand on est en action de chasse ou quand le garde-chasse est en tournée. Se dissimuler quelque peu, si possible, ou s'accroupir et rester immobile ; appliquer ses lèvres sur le dos de la main et, par succion, imiter le cri de la souris. La belette qui a disparu à votre approche va immédiatement se montrer de nouveau et accourir vers ce qu'elle croit être une proie. Surveillez le terrain dans la direction où vous l'avez aperçue d'abord et soyez prêt. Elle viendra se faire " fusiller " à dix pas de vous.

Pendant votre guet, si vous avez un chien, ce dernier doit évidemment être couché et rester immobile à vos pieds.

• Le renard à l'appeau ou à la pipée

Ce mode de régulation est peu pratiqué par les gardes chasse de chez nous et c'est regrettable parce qu'il se montre efficace. Les gardes chasse alsaciens, les forestiers polonais et allemands l'emploient couramment. Il s'agit tout simplement d'imiter le cri du lièvre blessé ou de la souris à l'aide de la main ou d'un appeau.

Pour opérer, Il faut choisir une fin d'après-midi avec le vent bien placé, c'est-à-dire qu'il souffle du bois vers la plaine. On s'installe alors dans un buisson, un bouquet d'arbres, un talus placé sur les champs à une cinquantaine de mètres des bordures. L'appeau utilisé est le " Scotch Prédator Call " (un engin inventé par un garde écossais très attractif pour affûter le renard) que l'on trouve en vente dans tous commerces spécialisés. Quant au cri de la souris, c'est l'enfance de l'art : serrez les lèvres fortement et aspirez en ne laissant passer qu'un son très menu. Pour imiter parfaitement le cri de la souris, il faut se munir d'une bouteille, la tenir d'une main et le bouchon de l'autre et frotter le verre avec le bouchon de liège en produisant un petit crissement qui imite à s'y méprendre le cri des menus rongeurs.

Avec l'appeau artificiel, on obtient exactement le cri d'un lièvre blessé, saisi par un nuisible tel que putois ou belette. Deux ou trois cris assez brefs sont suffisants pour mettre en éveil un renard se trouvant aux environs, mais à partir de ce moment, il nous faut observer une parfaite immobilité tout en surveillant les bordures du bois et son champ de tir avec la plus grande attention.

Le renard se meut sans aucun bruit et son pelage roux se confond tellement parfaitement avec la terre et les feuilles mortes du sous-bois qu'il est parfois très difficile à distinguer.

• Comportement du renard

L'imitation du cri de détresse d'un lièvre agit plus ou moins rapidement sur les renards qui l'entendent et la circonspection dont ils font preuve pour gagner l'endroit où ils supposent devoir trouver cette victime de choix est très intéressante à observer. Ils n'accourent pas au galop, mais procèdent par petites avances successives en se masquant derrière tous les obstacles. Ici, comme pour tous les genres d'affût, il faut s'armer de patience.

Lorsque le renard est arrivé à bonne portée, le fusil ou la carabine

Le renard raffole de fruits forestiers notamment des baies d'églantiers !...
En époque hivernale, ses laissées sont donc de couleur orange !...

monte doucement à l'épaule et attendez que l'animal se présente favorablement. Le tir de poitrine est généralement bon !...

Le cri du lièvre blessé est très attractif mais le cri de la souris est supérieur. J'ai maintes fois remarqué, en utilisant la bouteille et le bouchon, que le renard ne résiste pas longtemps à la tentation et c'est bien souvent directement au trot qu'il vient droit sur le chasseur. Il n'y a plus qu'à le foudroyer d'un coup de fusil à quinze mètres.

Un pratiquant nous disait que si le renard aimait le lièvre, il était par-dessus tout friand de souris et que pour cette proie il abandonnait toutes les autres. Il me dit aussi que pour lui les deux instruments " Scotch Prédator Call " et la bouteille n'allaient jamais l'un sans l'autre, que le premier à forte sonorité, allait au loin éveiller la convoitise du renard, tandis que le cri de la souris, surexcitant sa gourmandise, lui faisait perdre toute notion de prudence.

• Divers cris attirant le renard

Faire la plainte du lièvre, on y arrive généralement après deux ou trois essais !... Ce n'est pas sorcier, essayez : lancez un "couen... couen" du nez et de la gorge, traînez un peu le cri, laissez tomber, comme en mourant, la fin du dernier " couen " et vous aurez, à s'y méprendre, les clameurs de détresse du lièvre.

D'ailleurs, ce cri n'est pas le seul qui attire le renard, le cri du poulet apeuré, celui du lapin effrayé lui sont également sensibles ; essayez-les : appuyez le dos de la main contre votre bouche et en aspirant fortement vous obtiendrez un son que vous pourrez moduler à votre guise et passer du cri du poulet à celui du lapin.

• Régulation du geai des chênes à la " pipée "

La pipée, opérée par temps calme, au lever ou au coucher du jour, est susceptible de bon rendement, en particulier si l'on se place sous l'un de leurs perchoirs favoris. Elle peut s'exécuter soit directement sur la main, soit avec un appeau, ce qui favorise la rapidité et la précision du tir. Très souvent, le geai arrive aux premiers coups d'appeau, sans bruit et bas. Le moindre mouvement du tireur fait alors manquer toute l'opération. Parfois, vers 10 heures et 16 heures, par chaude journée, on réussit également bien. Je rappelle qu'il est inutile de se déplacer pour ramasser la victime après le premier coup de feu. Là aussi il ne faut pas bouger, recharger discrètement le fusil et appelez comme avant.

De même, il est absolument indispensable d'être prêt à tirer dès le premier appel émis.

Attention : Le geai des chênes est bien souvent classé gibier, il convient donc de se renseigner sur son statut avant d'entreprendre sa régulation avec utilisation de l'appeau !...

• Comment confectionner un appeau pour geai des chênes ?

Choisissez une petite branche de cerisier bien droite, d'un bon centimètre de diamètre, faites-en une petite bûchette de 7 à 8 centimètres de long. Incisez-la sur la moitié de son épaisseur d'une entaille régulière de 3 bons centimètres de longueur, dont les parois seront légèrement évasées. Confectionnez dans le même bois un bouchon s'adaptant le mieux possible dans l'entaille. Ceci fait, découpez une languette d'écorce de cerisier bien lisse, de 6 millimètres de large et de 5 centimètres de longueur. Frottez toutes les particules végétales adhérentes à l'aide d'une lame jusqu'à obtenir en transparence une belle couleur rousse. Coincez l'écorce entre le corps de l'appeau et le bouchon, de manière à ce que dans l'axe de l'appeau elle ne touche, autant que possible, ni l'une, ni l'autre pièce et forme ainsi une lame vibrante. Placez l'appeau contre les lèvres entrouvertes, réglez par tâtonnements pour obtenir un son moyen, mais puissant.

• Comment utiliser l'appeau pour geai des chênes ?

Il s'agit d'imiter le " ti-ouit " de la chevêche. En opérant par temps calme, au lever ou au coucher du jour, les rendements sont généralement bons si l'on se place sous l'un de leurs perchoirs favoris. La première note durera une seconde ; la deuxième, très brève, sera obtenue par un simple coup de langue augmentant en nombre les vibrations de votre instrument. Répétez ce cri deux ou trois fois de suite, arrêtez quelques secondes et recommencez, vous obtiendrez ainsi un cri semblable à celui de la chouette chevêche, en tout cas, les geais s'y tromperont.

Muni de votre appeau et connaissant la manière de s'en servir, comment allez-vous opérer ?...

Les meilleurs résultats s'obtiennent au moment des passages, à partir de fin septembre, en octobre et une partie de novembre, tant qu'il y a encore des feuilles aux arbres. Munissez-vous de plombs n° 8 et n° 4. Choisissez un temps clair et calme. Un vent, même moyen, serait de mauvais augure pour votre réussite. Les premières heures de la matinée sont souvent propices, tout comme les fins d'après-midi.

Où vous poster ?... Je vous recommande le jeune taillis sous futaie, vous pourrez vous y dissimuler assez facilement et vous tirerez les oiseaux qui se percheront sur la futaie. En général (en pleine lumière surtout), vous devrez à la fois être bien caché et pouvoir commodément tirer dans toutes les directions.

Une fois installé, ne bougez plus et commencez vos appels. Les geais ne seront pas longs à vous répondre et vous pouvez même espérer prélever trois, quatre même cinq oiseaux au même poste.

Lorsqu'après vingt minutes, vous aurez épuisé les chances de votre poste, déplacez vous de 400 ou 500 mètres et recommencez.

• Régulation des jeunes becs droits à la pipée

En début du mois de Juin, partout au bois, jacassent les jeunes pies, qui depuis peu, ont abandonné leur nid et vadrouillent dans le sous-bois où les petits nids de jeunes passereaux sont à leur merci. Il ne faut tout de même pas négliger de réguler ces indésirables, laisser en quiétude ces gobeurs d'œufs qui, au prochain renouveau, formeront de nouveaux couples reproducteurs. Pour cela, le garde-chasse particulier utilisera le fusil. Le calibre 20 ou 24 de préférence parce que l'on tire à courte distance le plus souvent et qu'au besoin une bonne cartouche cueille très loin l'oiseau posé à la cime d'un grand arbre. Un appeau est nécessaire pour attirer les oiseaux. On trouve partout chez les armuriers les appeaux à becs droits. Ainsi armé, parcourez par temps calme et soleil, les bordures des bois, en empruntant les sentiers de ronde qui serpentent à peu de distance de la plaine ; promenade évidemment silencieuse. Quand un endroit paraît propice, accroupi derrière un arbre, l'arme prête, lancez quelques appels brefs... Quelques secondes de silence, et si rien ne vient, récidivez ; et surtout méfiez-vous, soyez prêt à tirer vite, car souvent les pies arrivent à la " muette ", se perchent parfois au-dessus du guetteur, tendant le cou pour tâcher de discerner la cause des cris qui les intriguent ; si elles ne sont pas tirées avant de vous avoir découvert, elles partent de suite en jacassant... Vous êtes brûlé !... Inutile d'insister, décampez sans bruit et allez tenter la chance plus loin. De 7 à 10 heures du matin, la promenade sera fructueuse. Quand le soleil est haut, les oiseaux viennent peu ou pas.

• Appeau : savoir les utiliser dans les meilleures conditions

L'affût aux appeaux est des plus rémunérateur, aux conditions suivantes : savoir choisir le moment, le lieu, savoir appeler et ne pas multiplier les séances.

Le renard est fréquemment un visiteur de l'aube et du crépuscule. Un bon " appeleur " n'a besoin d'aucun instrument. Il appelle en se servant uniquement de sa bouche et de ses mains et le résultat n'en est que meilleur ; si l'opérateur emploie un instrument, il lui faut le régler d'avance et c'est là qu'intervient une partie musicale.

Il faut reproduire non seulement le ton exact, avec ses modulations, mais son rythme et sa fréquence. C'est là tout un art qui, bien appliqué, procure de nombreuses satisfactions. Les cris les plus employés sont ceux du lièvre blessé (Hasenquäke), celui du lapin, de la souris ou du petit oiseau en détresse. Ces cris suffisent à faire venir tous les carnassiers et les becs droits. Avec les appeaux manufacturés, la tonalité est souvent par trop métallique ; on l'amortit à l'aide d'un gant de laine. L'emploi de ces instruments est basé sur l'attrait de ces cris faisant croire aux carnassiers et aux becs droits à l'aubaine du festin.

L'emploi des appeaux demande, en plus, la connaissance parfaite des réactions des animaux. Pour les carnassiers, l'observation du vent est indispensable. Une occasion à ne pas manquer est celle du renard que l'on voit de loin, à l'aube, en train de muloter. Un bon appeleur le fera venir à portée de fusil neuf fois sur dix. La façon d'appeler varie avec les animaux, mais elle ne se traduit jamais par un concert bruyant et ininterrompu. Cette chasse d'affût peut se pratiquer à deux, mais à condition d'avoir un compagnon qui en connaisse toutes les finesses, car la moindre faute se traduit, immédiatement, par une fuite éperdue de l'animal convoité. Quant à la " pipée ", elle n'est qu'une chasse à l'appeau réservée aux becs droits.

VII – LE RENARD AU " SAUTEUX " ET AUTRES MODES DE REGULATION

• Le bon poste lors d'une battue au renard

Le renard a bien ses coulées, très nettes, et parfois malodorantes ; il a dans tout massif forestier de quelque étendue, ses passages à peu près sûrs, sans oublier de bons postes à ne jamais laisser libres : les approches des terriers.

Mais la chasse du renard varie tellement selon que vous utilisez des chiens lents ou rapides, suivant le temps, la saison et l'importance des bois voisins, que l'on se place un peu d'après l'inspiration du moment ; retenons qu'un renard, près d'être forcé, qu'une femelle fatiguée, tournent et retournent dans l'enceinte généralement fourrée, où l'instinct les porte à embrouiller leurs voies ; alors postons-nous sous-bois, en prenant les précautions d'usage vis-à-vis de nos voisins pour éviter tout incident ; nous ne tarderons pas à voir le renard se couler parmi les drageons (rejetons qui naissent de la racine des arbres).

Battue aux renards fructueuse !...

Le collet tendu en raie de labour est presque invisible.

• Le piégeage du renard au collet dans le dernier sillon

En quoi consiste ce genre de piégeage ?... A exploiter une habitude des renards qui les pousse en plein champ à choisir le dernier sillon comme passage habituel. Les renards y trouvent une voie tracée sans obstacles, ils y trouvent aussi des souris faciles à attraper dans la terre rendue meuble, des mulots, des taupes, des insectes et autres animaux ou débris mis à découvert par la charrue.

Pourquoi les renards seront-ils piégés dans le dernier sillon (ou raie) ?... Parce que c'est le plus large, le seul qui a l'allure d'un sentier, qui leur offre un certain défilement provenant de la profondeur, qui, enfin, présente un fond solide et propre, tout en ayant un remblai de terre plus molle puisque retournée en dernier.

Quelles seront les conditions nécessaires pour que ce piégeage aboutisse à un résultat positif ?... Il faudra que la nature du sol se prête à l'habitat des rongeurs. Un sol perméable, laissant l'eau filtrer en terre et non séjourner en surface sera le meilleur, tandis qu'un sol marneux, retenant l'eau en flaques, n'aura que peu ou pas d'attraction.

Ce genre de piégeage peut se pratiquer, soit dès que le champ a fini d'être labouré, soit même pendant le labour. On place le ou les collets à arrêtoirs dans le sillon en respectant les hauteurs réglementaires (18 à 22 cm au dessus du sol).

• Utilisation des banderoles pour la régulation de renards :

Les banderoles se composent d'un cordeau de 100 mètres de long, de la grosseur d'un crayon sur lequel on fixe au moyen d'une couture un carré d'andrinople (tissu teint en rouge du nom de la ville de Turquie) alternant avec un carré de calicot blanc et séparés entre eux par un espace libre de 0,80 m à 1 mètre.

Ces carrés ont environ 30 cm de côté. Le cordeau employé doit être de bonne qualité, du genre de celui usité pour les filets de pêche et ne vrillant pas. La longueur de 100 mètres est la plus pratique. On en fait ainsi autant que l'on a de longueur à garnir. Un homme exercé peut tendre aisément 1 000 mètres en 25 minutes.

Pour le renard, le cordeau sera placé à un mètre environ du sol. Si l'on banderole une allée de bois, il faut tendre sur le côté opposé à l'enceinte battue, les banderoles sont ainsi plus visibles.

Il est vrai que le renard a une " sainte frousse " des banderoles en plein jour ; mais il est nécessaire qu'elles soient placées à quatre ou cinq mètres des fourrés et non plaquées dessus. Il est de plus inutile de garnir la face où les rabatteurs commenceront la battue. Il y a avantage à prendre des grandes traques.

Il est de toute nécessité que les banderoles soient placées dans le plus grand silence et les tireurs à bon vent. La battue doit être faite dès qu'on a terminé de placer les banderoles ; dans le cas contraire, quelque précaution que l'on prenne, le renard nous aura éventés et faussé compagnie. Il faut éviter de faire deux battues contiguës à moins qu'elles ne soient sur une grande étendue, car le bruit fait par les chasseurs dans la première aura vidé la seconde.

Il importe que le tireur au poste soit un peu caché et surtout conserve l'immobilité la plus absolue pendant la battue car le moindre mouvement suffit à faire rebrousser chemin à un renard qui vient tout doucement et que l'on n'aura pas aperçu et qui sera considéré comme perdu, car si serrés que soient les chasseurs, il passera entre eux.

Par contre, les détonations les dérangent peu et on peut tuer, dans la même traque et à la même place, deux renards se suivant à courte distance.

Enfin, le renard, en hiver surtout, porte un bon coup de fusil et le plomb qui convient le mieux est le numéro 2.

• Le collet à renard dans les champs d'engrais vert ou les cultures dérobées

Sur les territoires de chasse bien gérés et en accord avec les agriculteurs, un engrais vert (moutarde) est mis en place après moisson sur le déchaumage des terres. Ce couvert offre un abri appréciable aux perdrix notamment lorsqu'elles sont poursuivies par les busards. Cette culture intermédiaire présente par ailleurs des avantages certains d'un point de vue agronomique : piège à nitrate, réduction de l'érosion pluviale, apport d'engrais et une zone très propice à la régulation du renard à l'aide du collet à arrêtoir. Pour cela, il faut créer des " coulées artificielles ", larges de 20 cm dans la culture, en utilisant un désherbant.

La coulée traversera de long en large la culture dessinant une croix. Le renard en maraude empruntera infailliblement cette coulée bien propre où il ne mouillera pas sa précieuse fourrure et donnera tête baissée dans le collet placé dans la sente. Sur un champ de moutarde de 2 à 3 hectares, on pourra tendre plusieurs collets sur une coulée qui suivra son périmètre.

• Le renard au " sauteux " : un mode de régulation efficace

Plusieurs modes de chasse sont employés pour réguler les populations de renards mais la meilleure technique consiste à les tirer au saut du terrier. La meilleure période pour cette chasse se situe en janvier et février, époque du rut des renards.

La méthode mise au point dite " le renard au sauteux " nécessite l'utilisation de chiens " terriers " dont le rôle est de faire sortir le renard de son trou qui est tué au fusil comme le lapin de garenne dans les opérations de furetage d'arrière-saison. C'est une méthode rapide et efficace.

L'approche des terriers recensés et occupés par les renards ne se fait pas sans certaines précautions. L'ensemble des tireurs est amené en silence et arrêté à 100 mètres des terriers, en évitant de claquer les portes des véhicules, de parler haut. Les dernières instructions sont données. Chaque tireur gagne avec le moins de bruit possible l'emplacement qui lui a été désigné, en faisant un grand détour au besoin pour ne pas passer sur le massif du terrier. Une fois en place, toutes les précautions relatives à l'affût sont de rigueur. Il faut savoir écouter sans se faire voir ou entendre soi-même. Les coups de talons sur le sol, les vêtements qui crissent, les quintes de toux, les grands gestes, les couleurs voyantes sont autant de choses à bannir. Il faut laisser les véhicules assez loin, éviter de claquer les portières, de parler haut, arriver à bon vent (de face) et placer judicieusement les personnes chargées de tirer l'animal lors de sa fuite. Les tireurs seront toujours placés au-dessus des terriers mais jamais devant les gueules. Lorsque tout le monde est en place, le chien est alors lâché à proximité des terriers afin qu'il puisse prendre la voie fraîche du renard qui l'amènera au terrier occupé. Seul le chien participe à la recherche de l'animal, le succès de l'opération en dépend.

A l'abri dans son terrier, le renard n'en est pas moins méfiant. Il est constamment en alerte contre d'éventuelles agressions pouvant venir de l'extérieur. Il se trouve généralement très proche de l'entrée (2 à 3 mètres) afin d'être en mesure de fuir rapidement en cas d'intrusion d'un indésirable. C'est pourquoi il faut agir avec la plus grande discrétion. Au moindre bruit, l'animal se réfugiera au fond du terrier où, acculé par le chien, il refusera de sortir. Si l'on arrive à mauvais vent et que l'animal détecte les effluves humains, le faire sauter du terrier deviendra également très difficile. Si tout se passe bien, le chien va aboyer tout en maintenant une pression sur l'animal. Ce dernier, après avoir essayé de le maintenir à distance s'enfuira à l'extérieur. A la sortie du renard, aucun cri à pousser, aucun geste à faire, le laisser dégager le terrier selon les lieux (talus ou haie buissonneuse), le tirer, le tuer... ou le manquer !... Attention, un

Battue de renards : un animal vient de débûcher en plaine

deuxième animal peut suivre le premier de près. Comme munitions, étant donné la courte distance de tir du 2 ou du 4 suffisent.

En général, le renard sort souvent sans bruit ; on voit deux oreilles surgir d'un trou, s'arrêter une seconde ; puis l'animal, si rien ne l'a inquiété, fonce en avant.

Evidemment, le renard ne sort pas à tous les coups et quelquefois pas tout de suite. Si le temps semble long, il faut siffler le chien qui, généralement, revient assez vite. Si les tireurs au poste ne font pas de bruit, le renard sort alors discrètement dans les dix minutes qui suivent. Cette technique est efficace : on obtient généralement 90 % de réussite.

Au moment du rut du renard, il peut y avoir jusqu'à deux ou trois renards, par exemple, deux mâles et une femelle, dans le même terrier. Il ne faudra donc pas relâcher la surveillance dès que le premier animal aura sauté.

Le Jack Russel Terrier est beaucoup utilisé pour ce mode de régulation, vu sa petite taille qui lui permet de se faufiler partout, pour son caractère vif, combatif, impétueux et entêté.

• Les habitudes générales du renard

- Noctambule, chassant en temps ordinaire de nuit, en tout temps au moment des petits.
- Rarement au terrier, si mouillé au cours de sa randonnée nocturne.
- Rentre au terrier à l'aube, en sort au crépuscule.
- Très méfiant aux alentours de son terrier.
- L'été, profite des récoltes pour rôder autour des fermes et villages pour assurer la nourriture de ses petits.
- Visite fréquemment les bornes en plaine, les grosses pierres isolées.
- Ne chasse pas et ne prend pas de volailles à proximité de son terrier.
- Si, inquiété par des bruits suspects (voix, pas, bruits de ferraille) il sortira très tard de son terrier.
- Au premier jour de neige, il reste au terrier, surtout par neige épaisse.
- Ne dédaigne nullement le gibier d'eau et même le poisson.
- Par gelées, gratte la terre, pour chercher sa nourriture (taupes, souris, insectes).

- Enterre ce qu'il ne veut pas manger sur l'heure et revient à cette cache en temps de disette. Il n'abandonne sur le sol que les pattes d'oiseaux et les grandes plumes, qu'il coupe au ras de la chair.
- Visite toujours les champs fraîchement labourés où la terre meuble lui facilite la capture des souris et des taupes.
- Visite également les tas de fumier dans les champs, surtout en hiver.
- Son passage sous-bois est signalé par les cris des geais des chênes, pies bavardes et autres oiseaux qui le suivent.
- Vient à la pipée, au cri du lièvre blessé ou de la souris ; étant donné qu'il suit les bordures de bois, on se placera avantageusement à quelque 30 mètres de ces lisières.
- Bien moins méfiant en plaine qu'au bois.
- S'il entre dans un poulailler, tuera toutes les poules et les emportera à courte distance, en enterrant quelques unes et jonchant de plumes la route qu'il aura suivie avec sa capture.

• Comportement du renard blessé

Avec une patte avant cassée, le renard s'encapuchonne, se relève et s'enfuit. Si la blessure est mortelle il pique du nez, queue dressée et s'enfuit lentement, jusqu'à l'ultime échéance. Sérieusement touché, le renard glapit au coup, tourne la queue horizontalement, se mord s'il est atteint à la cuisse ou au flanc. Tiré et manqué, il esquissera une série de bonds en zig zag, queue verticale et s'enfuira queue horizontale à toute allure. S'il reste inanimé au coup de fusil, il faut se méfier de sa ruse habituelle qui consiste à se relever au moment où le chasseur veut le ramasser et à bondir au fourré. Un conseil, toujours s'apprêter à doubler tout renard qui tombe au coup.

Le renard est un grand prédateur. Les battues d'arrière saison permettent une régulation efficace de l'espèce.

Acculé dans son terrier le renard est un adversaire corriace

• Ultime précaution

Jamais un piégeur ne saurait prendre assez de précautions quand il s'agit de piéger un renard. Non seulement il doit s'assurer que son piège fonctionne bien, mais il doit n'y toucher qu'avec des précautions que le simple bon sens indique. La finesse de l'odorat du renard est extrême ; la moindre émanation suspecte suffit à l'éloigner de l'appât le plus tentant. Si le piège a conservé le sentiment du contact de l'homme, il n'y a pas à espérer que le renard, malgré la faim qui le presse, se décidera à tenter d'enlever l'amorce.

Le piège doit donc être frotté d'herbes à odeur forte, que le renard rencontre à chaque instant, sous-bois. Le piégeur aura mis des gants.

• Surveillance assidue des terriers de renard

Si les gueules des terriers de renards sont ouvertes sur un terrain sablonneux, il faut les visiter souvent, voire chaque jour. Il faut alors prendre la précaution de ratisser, non pas à la main, mais à l'aide d'une branchette garnie de feuilles, l'entrée des terriers pour savoir si le prédateur est dehors ou dedans. S'il est dehors, on a plus qu'à attendre les événements ; s'il est dedans, il se doit de faire en sorte qu'il y demeure. Il faut commencer par fermer solidement, à l'aide de pieux fortement enfoncés en terre, de pierres solidement maintenues, etc... toutes les gueules du terrier moins celle où l'on se propose de tendre le piège. Ces précautions prises et les gueules solidement bouchées, à l'entrée de celle qui est restée libre, le piégeur place, avec précautions d'usage, un piège dans l'intérieur même de la gueule (piège en X ou collet à arrêtoir). Le renard n'aura qu'une seule pensée, celle de sortir par la seule ouverture laissée à sa disposition... Mais, attention : le renard qui automatiquement redoute une embûche, n'approche de la gueule du terrier qu'avec des précautions infinies, flairant le sol. Le piégeur aura tendu le piège avec des gants, car s'il sent la moindre émanation suspecte (mains du piégeur), il rebrousse chemin et regagne les profondeurs de sa retraite. Il cherche à fuir d'un autre côté, et n'y pouvant parvenir, il revient généralement à la gueule ouverte, qui lui montre un coin de ciel et la liberté. Il ne faut donc pas perdre patience parce qu'un renard, ainsi bloqué au fond de son terrier, restera deux, trois et même quatre jours sans se faire prendre. Quand toutes les précautions sont bien prises, le renard est perdu...

Quand il s'agit de renardeaux, ils se font prendre l'un après l'autre. En deux jours, on aura raison de toute la nichée.

• L'affût perché au renard

Quand le garde-piégeur sait un renard terré, il peut s'il y a quelques grands arbres à bonne portée, pratiquer " l'affût perché ". Il monte à l'arbre, s'y installe le plus commodément, s'y dissimule le mieux possible et il attend. En fin d'après-midi, il a quelques chances d'envoyer un coup de fusil au maraudeur, au moment où sortant prudemment de sa retraite il viendra lui présenter son flanc à vingt mètres... Il faut tirer avec du fort plomb, du 4 ou du 2, afin de laisser l'animal sur place. C'est pour cette même raison, qu'il ne devra jamais tirer trop près de l'entrée du terrier, où l'animal blessé pourrait disparaître.

• Encarter les terriers

Un bon procédé pour réguler agréablement le renard consiste après avoir " encarté " tous les terriers du secteur, à attaquer l'animal à l'aide de chiens " mordants " ou de chiens courants, créancés sur le renard et à l'attendre patiemment sur les terriers mêmes. Quand il est fatigué de la poursuite et qu'il songe à gagner sa retraite souterraine, ce papier blanc qu'il aperçoit tout à coup, au milieu de l'orifice béant, lui cause un moment de surprise qui détermine un temps d'arrêt, dont on profite pour lui envoyer un coup de fusil.

• L'affût au renard à la traînée

La traînée pour l'affût se fait avec une peau fraîche de lièvre qu'on attache à un cordeau et qu'on promène dans les sentiers et les layons, dans l'après-midi, là où on sait que rôdent les renards. On arrête la traînée à portée de l'affût, dans un endroit découvert où on laisse la peau de lièvre. Bien caché et à bon vent, il ne s'agit plus que de s'armer de patience !

• L'affût au renard à la charogne

C'est un mode de chasse fort simple et qui consiste à placer un

Terrier de renard "carté". L'animal effrayé ne rentrera pas au terrier

animal mort à portée d'une hutte, construite avec des branches de feuillus depuis longtemps déjà et dont les renards ne se méfient plus. La hutte doit se trouver en face d'une clairière, au milieu du bois. Le chasseur s'installe dans la hutte avant le crépuscule. Il arrive souvent, que l'on tire deux renards dans la même soirée !... Après avoir tué un renard et si on reste à l'affût avec l'espoir d'en tirer un autre, il faut enlever sans bruit, celui que l'on vient de tuer. Un vieux mais bon conseil : pour se rendre au poste d'affût, voire se déplacer en y étant, il faut frotter les semelles de ses chaussures avec un hareng saur. La chasse, avec une charogne et une hutte bien cachée a encore l'avantage de fournir l'occasion de tuer d'autres animaux nuisibles, notamment des becs droits.

• Un bon temps à renard

Après la pluie, le renard va surtout le long des chemins et des talus pour muloter ou déterrer les nids de bourdons, on peut alors l'affûter ou le piéger avec succès. Cela confirme ce qui a été dit par des observateurs de la gent animale : sa répugnance à battre les couverts par temps de pluie ou de forte rosée, répugnance qu'il partage d'ailleurs avec les autres animaux de rapine (fouines, putois, belettes).

Une saison de piégeage réussie : renards et fouines !...

• Organiser une chasse au renard au chien courant

Chassé aux chiens courants, le renard se montre comme un animal extrêmement vigoureux dont la voie, très forte il est vrai ne tient pas. Toutefois, il est vite et résistant. Devant un petit effectif de bons chasseurs, sa chasse à tir est très intéressante. Il randonne, prend des partis, évente fort bien les tireurs ; à cause de sa voie forte, les chiens font une musique charmante et ininterrompue dont le maître et ses invités se réjouissent jusqu'au moment où le coup de fusil de l'un d'entre eux vient mettre le point final à ce qui été parfois une très jolie chasse.

Le renard, que ce soit à courre ou à tir, s'attaque à la billebaude ; l'idéal étant un pays qui ne recèle pas de trop nombreux terriers, de ces terriers creusés en des endroits inexpugnables, comme rochers, pierrailles, etc... Où le courre devient impossible, le renard s'y réfugiant, parfois très vite. Par contre, certains renards se terrent que fort rarement. Animaux sauvages, aux forces intactes, connaissant leur contrée, ils rusent, cherchent le fourré, battent l'eau, enfin se défendent fort bien au grand plaisir des vrais veneurs.

Le renard, comme il a été dit, s'attaque, comme le lièvre, à la billebaude (il serait, il est vrai, fastidieux de faire le bois). De plus, un chasseur qui connaît sait, à peu près à coup sûr, où il lancera le renard ; dans ce grand carré d'ajonc, dans cette pointe d'acacias, dans ce fourré d'épines noires, enfin dans des endroits bien catalogués, mais presque toujours au fort et au piquant. Les chiens doivent être découplés dans les allées que le piqueur suivra avec eux ; c'est là, le plus souvent où ils prendront la voie. Les rapprocheurs l'emmènent, entrent au couvert, ils percent gaillardement, puis cela s'anime, s'échauffe, le " carillon " prend toute son ampleur, le renard est debout, la menée est commencée.

Il est bien rare qu'un renard parte au pied des chiens ; aux premiers récris des rapprocheurs, il a quitté sa reposée et se dérobe en tapinois, cherchant à gagner au pied.

Les premiers moments du courre se déroulent sans difficulté le plus souvent ; la voie est excellente, les chiens percent à plein train et la chasse marche rondement. Mais après un certain temps, le renard commence ses ruses bien petites et bien simples, il est vrai, si on les compare à celles du lièvre et surtout du chevreuil, mais qui peuvent cependant gêner les chiens.

Il gagnera le plus souvent de grands forts, bien fourrés et épineux, et tâchera, en s'y faisant battre et rebattre, d'user et de dégoûter les chiens, puis, s'il a du répit, de gagner au pied profitant des moindres coulées où sa taille réduite lui permet de se glisser rapidement, il maintient son avance sur les chiens plus grands qui n'y passent qu'avec peine. Il longe les fossés, ou les suit ; bien caché à l'abri des ronces, qui les recouvrent, il va donner à un grand terrier ; il y entre par une gueule et ressort par l'autre, se faufile sous un ponceau, prend la plaine. C'est souvent là, au débûcher, que l'attend le coup de fusil.

La chasse à courre et à tir du renard est la plus simple qu'il soit. Des chiens vigoureux, vites et allants, sont nécessaires, on les créance très vite dans la voie de ce " puant ".

• Le renard au polystyrène

Pour, à l'affût, attirer le renard, le mieux, comme nous l'avons dit, est d'imiter le cri de la souris, qui s'entend de fort loin (j'ai plusieurs fois vu un renard à plus de 100 mètres et par 3 ou 4 pipées, le faire approcher à 20 mètres). Si on ne possède pas le talent nécessaire d'imitateur, il est possible de reproduire fidèlement ce cri en frottant deux morceaux de polystyrène l'un contre l'autre. La ressemblance est impressionnante !...

Le cartage des terriers de renards est recommandé préalablement à une battue. Les renards remisés au dehors ne se mettront pas au terrier. Un chasseur placé sur le terrier pourra aisément les tirer !...

• Un procédé très efficace : le piégeage du renard au tas de fumier

Le tas de fumier est très efficace pour piéger le renard en hiver. Ce dernier aime gratter les tas de fumier fraîchement déposés en plaine, à la recherche de quelques charognes. Il faut donc profiter de cette attraction pour placer autour du tas de fumier deux ou trois pièges de type " Belisle " ou " Albert ".

Les odeurs ont une valeur certaine pour le piégeage des animaux nuisibles, mais elles ne présentent d'efficacité qu'en période de disette. C'est pourquoi, la meilleure saison pour réguler les indésirables de nos territoires de chasse se situe de la mi-novembre à la mi-mars.

Suivant la saison, il y a lieu de tenir compte de l'état physique dans lequel se trouvent les nuisibles. Tant que dure la belle saison, ils ne sont pas trop affamés, il n'en est pas de même en temps de neige, de froid, de gelée. C'est pour eux l'époque de la disette. C'est pour tous les nuisibles la lutte pour la vie. Les odeurs ne sont pas négligeables et la faim qui les tenaille l'emporte sur la prudence. Plus un appât dégage d'odeur, meilleur il est. C'est pourquoi, il faut toujours choisir l'emplacement du tas de fumier à créer sur une partie de terrain dominant la plaine rase, afin que le moindre vent emporte au loin les émanations alléchantes. Les odeurs se répandent dans l'air, surtout par temps humide et sont diffusées jusqu'à plus de deux cents mètres du tas de fumier. Au bois, l'odeur se diffuse moins bien qu'en plaine.

• Mise en place du tas de fumier et des pièges

Le tas de fumier (un demi-mètre cube) sera donc placé en plein champ, à 50 ou 100 mètres d'un bois. La préparation au piégeage se fait avant le dépôt du fumier. Un pieu métallique ou en bois dur, d'environ un mètre de long, est enfoncé de 0,50 mètre dans le sol à l'aide d'une massette. Deux ou trois chaînes d'amarrage des pièges y sont fixées et disposées sur le sol en forme de Y (pour trois pièges) ou face à face pour deux pièges au bout desquelles viendront se fixer les pièges à lacet. Une fois ce dispositif mis en place, l'on recouvre l'ensemble de fumier et un tas uniforme sur 0,30 m de haut.

L'appât (volailles crevées, tripailles ou autres) est placé au sommet du tas sous une légère couche de fumier (on peut également l'attacher au pieu central à l'aide d'un solide fil de fer). Il est très important de cacher ces appâts surtout à plumes (volailles) car celles-ci auraient un effet attractif sur les rapaces (espèce totalement protégée) qui viendraient se faire prendre aux engins.

Le tas de fumier terminé, les deux ou trois pièges seront attachés aux extrémités des chaînes d'amarrage et placés à environ 30 centimètres de la base du tas dans leurs placeaux respectifs. Ils seront légèrement recouverts de menu fumier (poussier ou crottin) afin que le déclenchement des pièges ne soit pas gêné par de la longue paille (surtout en temps de fort gel). Cette même couverture sera étalée sur tout le pourtour du tas de fumier, car de cette manière le dispositif apparaît plus naturel.

En principe, les prises de renards sont très rapides et peuvent avoir lieu dès le lendemain de la mise en place des pièges.

La meilleure période est donc l'hiver, de décembre à fin février. Les périodes pluvieuses sont très favorables. Elles annihilent les odeurs humaines (manipulation des pièges) et l'odeur des appâts se diffuse à merveille.

Une autre façon de faire, très prenante également, est de mettre en place deux tas de fumier côte à côte, en laissant entre-eux un "couloir" de 30 centimètres de largeur. Les deux tas sont appâtés comme précédemment mais les pièges (deux en l'occurrence) sont disposés dans leurs placeaux, un à chaque entrée du couloir. Les pièges et le couloir sur toute la longueur seront recouverts d'une fiche couche de fumier.

• Sensationnel !... le piégeage du renard au tas de sable

Ce mode de piégeage est très prenant. Il est conseillé de faire bouillir les pièges avant leur utilisation pendant dix minutes environ ce qui enlève toutes les odeurs de ferraille et de pièges neufs. Les engins utilisés sont le "Belisle" ou le "Albert" qui sont tous deux agréés. Le piège "Albert" (du nom de son inventeur) a l'avantage de capturer le renard un

Pose de deux pièges "Belisle" au tas de fumier.
Un mode de piégeage très prenant en hiver.

peu plus haut sur la patte !... Pour la tendue, il faut les manier après avoir enfilé des gants fins.

Le tas de sable sera créé soit en lisière de bois, soit au beau milieu d'une jachère.

Tout d'abord, on creuse une cuvette de 60 centimètres de diamètre sur environ 10 centimètres de profondeur, ce qui permettra de bien placer les pièges (deux par tas de sable). La terre extraite sera jetée au loin. Comme quantité de sable, utiliser la valeur d'un seau de 12 litres, du sable de maçonnerie, très fin, exempté de petits cailloux qui risqueraient de gêner le déclenchement des engins.

Une fois le sable étalé sur la surface totale de la cuvette, on fait un petit trou central pour y déposer l'appât. Ce dernier peut être une simple nourriture à chien, du genre boulettes de viande !... Cet appât est d'ailleurs recommandé du fait qu'il a la faculté de dégager une odeur attirante qui se sent à 100 mètres. L'appât est alors recouvert d'une pellicule de sable et le tout est laissé en l'état, en effaçant soigneusement vos empreintes. Le renard ne tardera pas à venir gratter dans le sable pour s'accaparer l'appât. Le piégeur effectue un nouvel amorçage et dès que celui-ci est de nouveau prélevé, on peut procéder à la tendue des pièges.

• Pose des pièges pour le piégeage du renard au tas de sable

Le premier piège sera donc posé directement sur l'arrivée du renard, les traces étant faciles à identifier au sol. Le second piège sera posé en face.

Deux placeaux seront creusés dans le sable afin que les pièges, une fois tendus et camouflés, n'occasionnent pas de renflements, ce qui paraîtrait suspect.

On aura soin de glisser quelques pincées de mousse sous les palettes de déclenchement pour éviter que le sable de recouvrement ne se glisse par en dessous et gêne le déclenchement.

Ultime précaution, planter au sol une petite fourche de bois dur sur le lacet du piège, afin que le dit lacet, dès le déclenchement de l'engin se tende plus vite sur la patte du renard et assure la prise.

Ensuite, les pièges tendus seront recouverts d'une couche de sciure de bois pour éviter que par temps de pluie, le sable ne se colmate et, pour finir, saupoudrage d'une fine pellicule de sable sur l'ensemble (pièges et appâts).

Il est recommandé de placer deux pièges par installation du fait que le renard peut éventer le piège d'arrivée et tourner autour du tas de sable pour prendre l'appât sur l'autre face.

Une autre astuce, si on a affaire à un " vieux " renard, particulièrement prudent et vicieux, on continue d'appâter le tas de sable " à blanc " en ayant soin d'enfouir dans le sable, un fer à cheval de récupération. Le renard va ainsi s'habituer à la ferraille et n'y prendra plus garde. Ce sera le moment attendu pour le piéger !...

• Renard : étude des volcelets !...

Pour qu'un renard soit au terrier, à l'époque d'élevage des jeunes, il faut une cause. Généralement les empreintes que l'on trouve à l'entrée d'un terrier sont celles d'une femelle qui a des petits déjà forts. Quand les renardeaux sont en état de sortir, la renarde ne rentre plus au terrier pour ne pas être en butte aux assauts des jeunes, acharnés à la téter : elle dépose à manger à proximité du terrier et les jeunes viennent se repaître dehors. C'est ce qui explique les plumes et les peaux de lièvres que l'on découvre à deux mètres du terrier et leur absence à l'orifice du trou. C'est pourquoi, si des volcelets marquent une entrée, il ne faut pas conclure que l'animal est dans son terrier. En effet, la renarde, apportant la provende, s'engage très peu en avant dans le terrier et appelle les jeunes à la curée ; puis elle ressort en reculant d'où la trace des pas, entrée et sortie se dirigeant vers l'extérieur. Mais il n'y a pas d'erreur possible pour un piégeur averti, car, en reculant, la bête fait appui en poussant et le volcelest marque un bourrelet vers les doigts.

• Un moyen pour prendre les renards dans les terriers en rochers

Par temps de neige, il faut aller visiter les terriers en milieu rocheux et bien repérer toutes issues. Ensuite on bouche les trous en y accumulant de grosses pierres, mais dans les interstices on glisse de la mousse. Lorsque l'on repasse deux jours après, si la mousse a été tirée vers l'intérieur, c'est un signe infaillible que le terrier est habité. On enlève alors une pierre pour poser un collet à arrêtoir. Le lendemain le renard est pris !...

• Le chien du garde et du piégeur

Le chien terrier est l'éternel ennemi de la gente "puante". Ce maître aboyeur au ferme, fureteur et dénicheur de tout ce qui se cache, est le compagnon idéal pour le garde ou le piégeur-déterreur !... Le fox-terrier, par exemple, est un chien qui excelle à

Les chiens terriers sont excellents dans le tir du renard au " sauteux ".

flairer un tronc d'arbre où s'est réfugiée une martre, un talus, un trou quelconque, à se tenir devant faute de pouvoir escalader ou pénétrer, en faisant une musique prolongée et avertisseuse, dont le maître sait tirer profit. Patience et ténacité, plus encore que sa bravoure qui est grande, font le mérite de ce précieux collaborateur.

Le sang terrier avec ses qualités, est indispensable dans les veines du chien destiné à trouver, et éventuellement à mener martres, fouines et renards ;

• Un " cartage " judicieux pour réussir une battue aux renards

Chasser le renard à tir est non seulement utile mais agréable et divertissant ; mais comme il s'agit d'un animal qui possède des retraites sous terre, le plus souvent inviolables, il est nécessaire, pour réussir, de boucher tous les terriers la veille de la chasse. Or, une gueule de terrier oubliée fait manquer la chasse !...

La veille du jour choisi, un homme connaissant bien le terrain (c'est-à-dire le plus souvent le garde chasse particulier), ira " carter " les terriers. Il est inutile, en effet, d'obturer les gueules avec des fagots ou par tout autre moyen : c'est une perte de temps et si, par hasard, un animal était au trou, il n'oserait ou ne pourrait pas sortir ; il faut éviter cela. Il est plus simple de mettre au-dessus des gueules du terrier de grandes feuilles de papier blanc, ou de journal, le renard ne les voit pas en sortant ; mais, s'il est dehors et qu'il veuille regagner son terrier, les taches claires de ces papiers lui feront rebrousser chemin ; il ira se rembucher en quelque gros roncier ou genêtière où il sera possible de le " lancer " de nouveau !... Tout renard lancé est tiré, s'il ne se terre !... C'est pour cela que le cartage des terriers est nécessaire.

• Piéger en vieille lune !...

Parmi les multiples influences attribuées à la lune, il était décent qu'il en eût une se rapportant au piégeage des populations animales. Il est vrai que les captures sont plus abondantes en vieille lune, c'est-à-dire dans le temps où la lune ne vient pas éclairer les nuits. Le pourquoi de la chose est le suivant :

Si l'animal est remisé, terré ou gîté dans un bois, il va dès le déclin du jour se mettre en mouvement. Cette randonnée sera jalonnée par des coulées nettement définies en sous-bois. Par clair de lune, les animaux ont tendance à moins tenir leurs coulées. Au contraire, par nuit noire, surtout si la pluie s'en mêle, ils s'empressent de suivre rigoureusement leurs coulées qui les conduisent directement là où ils ont coutume d'aller, et ceci sans mouiller leur fourrure à l'excès. De ce fait, le piégeur aura beaucoup plus de chances de capturer un renard par nuit noire (vieille lune) s'il piège en coulée à l'aide du collet à arrêtoir. De plus, une nuit d'encre camoufle facilement les menues erreurs qu'il aurait pu commettre en posant le collet (attache mal dissimulée, etc...).

• A savoir

Si votre chien attaque un renard au terrier mais revient au bout d'un temps assez long, qu'un chasseur s'éloigne en emmenant le chien ; un autre chasseur reste immobile, sans fumer, un peu caché des bouches du terrier : il a beaucoup de chance de tirer le renard qui sort doucement pour se rendre compte de ce qui se passe !...

• L'appât de sexe : une puissante attirance !...

L'appât de sexe s'appliquera uniquement à chaque espèce prise individuellement, il sera valable pendant une seule période de l'année bien définie pour chaque espèce. Il est indiscutable que l'appât de sexe exerce une attirance puissante pour tous les animaux.

Quant à la matière employée, c'est là le plus délicat à se procurer. Il s'agit de trouver une femelle en " état convenable " et de conserver ses déjections, soit sa litière si elle est vivante, soit ses organes génitaux et urinaires si elle a été abattue. Dans ce dernier cas, on laisse macérer dans un corps gras liquide sans odeur (huile de paraffine, blanc d'œuf cru, vaseline pure, glycérine) et de conserver en flacons bien bouchés placés goulots en bas.

Pour l'emploi, il suffit simplement de répandre aux points choisis, soit de la menue paille, du sable ou de la sciure mis en contact avec les déjections solides ou liquides recueillies, ou avec la litière, pour être assuré en " bon temps " de la visite de mâles en quête d'aventures galantes.

On peut encore, traîner une éponge imbibée du liquide gras conservé en flacons, soit de répandre çà et là à l'aide d'un compte-goutte ce même liquide.

Quant aux places à choisir pour répandre ces odeurs, c'est le flair du piégeur qui les lui indiquera, les grosses bornes de plaine, les grosses pierres isolées en bordure de bois ou aux carrefours d'allées forestières sont en tout cas désignés en premier lieu.

C'est de cette catégorie d'appât que découle l'emploi de certains produits tels que mousse, camphre, iris, jusquiame que l'on peut considérer comme des odeurs de synthèse en

Piégeage aux odeurs : un cube d'éponge imbibé est épinglé sur le baliveau à un mètre de hauteur.
Le vent porteur diffusera les bonnes odeurs aux alentours.

l'occurrence. Leur similitude de parfum avec ceux des appâts de sexe naturels explique leur pouvoir attractif : c'est en somme le domaine de la chimie dans le royaume du piégeage.

• Piégeage aux odeurs : une recette d'Outre-Rhin !...

La plupart des carnassiers ne considèrent que deux ordres, ou le stade vivant ou le stade en pleine décomposition ; l'animal fraîchement tué ne les attire que moyennement. Quant aux odeurs, il faut en obtenir une qui soit la plus forte possible. Nos voisins d'Outre-Rhin, qui ont soigneusement étudié le problème, ont en grande faveur la recette suivante :

Ils recueillent des petits poissons, des crustacés, des escargots ou des limaces qu'ils mettent en flacons bouchés d'un papier percé de trous d'épingle et qu'ils laissent exposés au soleil pendant deux semaines. Le résultat est une bouillie huileuse, infecte, à grand pouvoir attirant pour les carnassiers amateurs de charogne. Ils additionnent cette bouillie d'huile ordinaire pour l'emploi. Ils traînent avec ou enterrent sous 4 à 5 cm de terre le flacon au centre d'une batterie de pièges (genre Belisle ou Albert). C'est simple et cela peut être fait n'importe où...

En dehors de cela, certains produits dégagent eux-mêmes des odeurs similaires telles que : valérianate, asa foetida.

- Valérianate : sel produit par la combinaison de l'acide valérianique avec une base : dégage une odeur persistante et forte, qui rappelle la valériane.

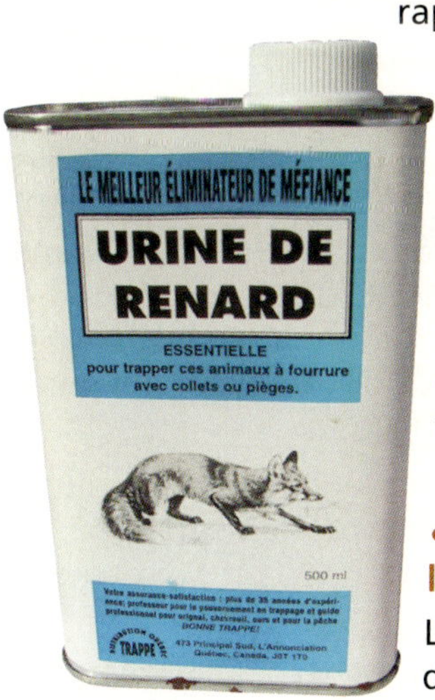

- Asa foetida : gomme-résine attribuée à plusieurs ombellifères et en particulier à la " ferula asa foetida " qui croît dans la Perse. Cette gomme-résine a une teinte rougeâtre et une odeur alliacée, très fétide, une saveur âcre et amère.

On trouve des appâts tous prêts en petit flacon dans le commerce.

• Piégeage du renard : présentation de l'appât

Le piégeage avec l'emploi d'un appât demande plus de connaissances des animaux à réguler. Tel appât excellent pour un carnassier donné, n'offre que peut d'attrait pour un autre. Le renard aime le faisandé, par exemple !... La présentation de l'appât influe sur l'animal avec d'autant plus de force qu'il est méfiant. Le renard, par exemple, donnera toujours plus vite à un appât enterré légèrement qu'à un appât laissé à même le sol, il donnera également plus facilement à un appât en plaine qu'à un appât au bois. Il y a donc nécessité absolue de connaître parfaitement les habitudes des animaux à piéger.

• Les battues silencieuses au renard

Il ne s'agit pas là de battues effectuées à grands renforts de cris et de bruits, mais de battues très spéciales, où trois ou quatre tireurs s'en vont silencieusement au bois occuper les points de passage connus comme régulièrement fréquentés par les renards. Cette battue est exécutée par trois ou quatre hommes qui fouillent les taillis et tout spécialement ceux qui sont connus comme remises habituelles des renards. Il s'agit de mettre ces animaux sur pied sans les affoler et de les pousser doucement vers les parcours habituels. Cette chasse demande une connaissance parfaite du terrain, des remises et parcours des animaux. Elle est d'un rendement très supérieur aux résultats des battues classiques et offre l'avantage de ne pas affoler le gibier présent dans les cantons battus. On peut employer des banderoles pour canaliser les renards vers les postes de tir ou les empêcher de vider l'enceinte par les côtés.

• Le renard " au pendu "

Cet animal est à piéger de préférence en plaine ou bord de l'eau plutôt qu'au bois, où il est beaucoup plus méfiant. Au bois donc, on ne le piégera qu'en coulée, au collet à arrêtoir. On pourra également le piéger au terrier en posant un piège en X (diamètre 25 x 25 cm) dans la gueule du terrier la plus fréquentée. On camoufle son pourtour avec quelques feuilles de ronces ou autres. N'oublions pas d'obturer solidement toutes les autres bouches.

Un mode de piégeage très prenant est le piégeage au pendu dans lequel on offre au renard un oiseau pendu par les pattes au bout d'une gaule solidement fichée en terre et maintenant l'oiseau à 1 m 50 du sol.

Cet oiseau est une corneille ou une pie (cette dernière est très attractive de par son plumage noir et blanc). Le dispositif est monté au milieu de la plaine, on peut placer plusieurs " pendus " à 200 mètres l'un de l'autre. Sous chaque pendu, on place un piège bien camouflé. Le renard, obnubilé par cet appât qui balance au vent, se prend en sautant après l'oiseau, sans méfiance aucune.

• Ultime précaution

Jamais un piégeur ne saurait prendre assez de précautions quand il s'agit de piéger un renard. Non seulement il doit s'assurer que son piège fonctionne bien, mais il doit n'y toucher qu'avec des précautions que le simple bon sens indique. La finesse de l'odorat du renard est extrême ; la moindre émanation suspecte suffit à l'éloigner de l'appât le plus tentant. Si le piège a conservé le sentiment du contact de l'homme, il n'y a pas à espérer que le renard, malgré la faim qui le presse, se décide à tenter d'enlever l'amorce.

Le piège doit donc être frotté d'herbes à odeur forte, que le renard rencontre à chaque instant, sous-bois. Le piégeur aura mis des gants.

Tout piège se doit d'être manipulé avec des gants souples.

Les odeurs attirantes se vendent généralement dans des établissements spécialisés. Il faut les utiliser à bon escient...

VIII – SAVOIR UTILISER LES SENS OLFACTIFS DES ANIMAUX

• Piégeage des mustélidés aux " essences " naturelles

Le sentier de piégeage est la meilleure des chasses pour venir à bout des mustélidés (fouines, martres, putois) qui craignent la rosée au moins autant que la lumière du jour. Malheureusement le bois n'est pas toujours disposé pour en tirer le maximum de profit : il faut, cela se comprend, que l'étroit sentier de piégeage dégarni d'obstacles (feuilles, herbes, bois mort), qui serpente sous bois, passe au milieu d'une végétation dense, telle qu'en offrent des recépages ou des coupes de deux à cinq ans.

Plus tard, quand le taillis monte, le sous-bois s'éclaircit, les herbes, les ronces disparaissent et les mustélidés pouvant y trottiner sans se mouiller les pattes, n'ont plus de raison d'emprunter le sentier de piégeage garni de pièges divers et chatières (boîtes à fauves). Aussi, pour ces dernières, il nous faut user d'un truc qui attirera tout de même vers elles les indésirables commensaux du bois. Dès qu'une fouine ou une martre " tombent " entre nos mains, au dépouillement, il nous faudra mettre soigneusement de côté les glandes odorantes placées près de l'anus de ces animaux, glandes dont le parfum diffère suivant l'espèce et il nous faudra les écraser dans un peu de glycérine que l'on tiendra ensuite bien bouchée.

Nous aurons ainsi de " l'essence de fouine ", de " l'essence de martre ", qu'au compte-gouttes, de temps en temps, à partir du mois de mars, nous étalerons sur la palette de déclenchement de nos boîtes à fauves.

• Piégeage à l'odeur

L'appât ici consiste en l'emploi de liquide obtenu par putréfaction de poissons, limaces ou autres petits animaux. Cette méthode donne de très bons résultats. Le liquide est placé dans un récipient à large goulot, puis bouché simplement d'un papier percé de petits trous. Le récipient est alors enfoui verticalement en terre, de façon que le goulot arrive à un ou deux centimètres du niveau du sol ; on recouvre de menue paille, de balle ou de débris de fourmilière, qu'on a arrosé d'un peu de liquide, puis on piège en batterie autour. Le grand avantage réside en ce que point n'est besoin de chercher d'appâts, car on peut toujours, et en toutes saisons, en avoir en réserve.

• Les meilleures amorces à utiliser pour la traînée

La pièce de traînée, le morceau de résistance dont l'odeur est alléchante, pour un renard, sera d'autant mieux appréciée qu'elle rentrera dans l'ordinaire habituel de ces animaux. Rien ne vaut un paquet de tripailles de lièvre mais, il est beaucoup plus aisé l'hiver (époque de la chasse au bois) de se procurer un lapin de garenne. Le lapin sera ouvert d'un coup de couteau allant de la queue à la gorge, les tripes à l'air et nous l'attacherons au bout d'une perche de deux mètres de long au minimum.

Maintenant, au tour des amorces. Prélevons sur les tripailles du lapin, une partie des petits intestins, coupons-les en fragments de deux ou trois centimètres et jetons-les dans une boîte. La quantité est proportionnée au parcours de la traînée. Ces boyaux constituent la meilleure des amorces. Elle a l'appréciable avantage d'être de même nature que la pièce de traînée. Elle n'éveille pas les soupçons des animaux qui suivent " tête baissée " pour donner dans les pièges tendus en jardinets. Les boyaux de canard sont également recommandés comme amorce, surtout pour le renard qui est extrêmement friand de la chair de palmipèdes.

• Une traînée " maligne "

En place, nous coupons une perche de deux mètres au moins et nous accrochons le lapin à l'une des extrémités, puis tenant à deux mains et horizontalement la perche, marchons le visage au vent en nous tenant toujours " sous le vent de la pièce traînée " ; on comprend le pourquoi : nos pieds traceront une piste parallèle à celle du lapin sans s'y confondre et les renards, suivant la seconde, ne pourront sentir nos pas qui se trouveront pour eux à mauvais vent. A peu près tous les cent mètres, plus ou moins, suivant la longueur de la piste, nous nous arrêterons pour jeter sur la traînée, et sans s'en approcher, une amorce. Arrivé sur le ou les pièges, nous y jetterons la dépouille du lapin !...

• Un appât très attractif

Les tripes de volaille ou les viscères frais de lapin constituent les meilleurs appâts. Pour les rendre encore plus alléchants, on les enduit d'une mixture de fabrication ancienne, dite " maison ", dont la composition est la suivante :

Faire fondre ensemble 500 g de saindoux et 500 g de suif jusqu'à ébullition,

Ajouter une dizaine de baies de genièvre, trois ou quatre viscères de poule et une pincée de poudre d'iris.

Bien mélanger le tout avec une spatule en bois.

Pendant que la mixture refroidit, ajouter une cuillerée à café de pastis.

Il ne reste plus qu'à enduire de cette préparation graisseuse les appâts destinés aux pièges de même que de vieilles chaussures pour se rendre sur les lieux de piégeage et y attirer les prédateurs.

• Attirer le putois

Le putois se piège facilement, surtout en hiver. Si l'on piège en appâtant, le meilleur appât est le poisson naturel, fumé ou salé ; viennent ensuite les tripailles baignées dans du sang de lapin. Quand on a connaissance de restes de volaille ou de gibier tués et laissés par un putois, il faut tendre un piège ou deux : l'animal reviendra toujours sur place pour récupérer son larcin.

Un putois encore vivant dans un piège est toujours très agressif, certaines précautions sont donc à prendre si l'on veut éviter de cruelles morsures. Ne pas oublier qu'une putoisière placée le long d'un mur est très prenante.

• La direction du vent doit être prise en considération

Surtout si on emploie une amorce alléchante. Le " fauve " viendra toujours à l'amorce, en prenant le vent. Quand on piège le renard, il faut toujours consulter la direction du vent pour choisir la place où l'on mettra les pièges et les amorces. Si l'on tend en plein champ, au tas de fumier, on pose deux ou trois amorces derrière le piège pour que le vent, venant du côté des amorces, souffle sur les pièges. Au bois, dans les sentiers de piégeage, on aménage les placeaux pour en posséder au moins un qui soit chaque nuit à bon vent. Quand on fait des " traînées ", il est toujours nécessaire de consulter le vent.

• L'essence d'anis pour la fouine

La fouine est très rusée et il faut mettre beaucoup d'adresse pour la capturer. Quel que soit le piège que l'on emploie, il faut le laisser longtemps en place tendu, mais au cran de sûreté, afin que la fouine s'accoutume à le voir et à ne pas s'en effrayer. Un des meilleurs pièges pour la fouine est le piège à œuf. Ce piège se tend et s'amorce avec un œuf que l'on fixe sur l'anneau porte-œuf. Ce piège peut se placer au pied d'une haie en faux nid dans une enceinte rendant l'œuf invisible de l'extérieur, dans une grange, un grenier, etc... La fouine ayant un odorat très fin, il faut ne manier ce piège qu'avec des gants légèrement imprégnés d'essence d'anis. Pour ne pas exciter la défiance de la fouine, on place d'abord à l'endroit choisi, c'est-à-dire sur son passage ou aux endroits que l'on sait qu'elle fréquente, un œuf sain et frais.

Quand on s'est assuré que l'œuf a été goûté ou enlevé, on tend le piège. Il faut avoir soin d'imprégner légèrement l'œuf d'essence d'anis qui a la propriété de masquer l'odeur de l'homme qui l'a touché mais aussi, et surtout, d'attirer le mustélidé.

• Une traînée judicieuse

Après avoir confectionné sommairement son jardinet " naturel " (pied d'une cépée par exemple) et quand le piège est tendu dans son placeau et amorcé, il faut remettre les choses en l'état, de manière que rien ne soit changé à l'aspect des lieux. Il ne faut pas que le moindre indice puisse éveiller la méfiance de l'animal : tout doit être dans le même état qu'avant la pose du piège. Si le piège a été tendu sur un terrain couvert de feuilles sèches, il doit être recouvert de feuilles sèches ; s'il a été tendu sur un terrain garni de mousses, le piégeur doit remettre en place les plaques qu'il a enlevées. Il doit s'efforcer, en somme, de remettre les choses dans leur état primitif.

En ce qui concerne la traînée : tout d'abord, on attache l'appât (de préférence un morceau de viande putréfiée) au bout d'une corde et l'on fait ainsi une traînée jusqu'à l'endroit où l'on a tendu le piège.

Sur la traînée destinée à conduire l'animal au piège, il est bon de laisser, de place en place, quelques lambeaux de la viande qui a servi à amorcer le piège. En suivant cette traînée, l'animal n'enlèvera peut-être pas toutes ces amorces ; mais s'il est poussé par la faim, il y a, quelques chances pour qu'il ne résiste pas à la tentation d'enlever la dernière, la meilleure, celle qui est placée sur le " piège même " et qui constitue le morceau de résistance du festin. Un garde-piégeur qui connaît bien son territoire de piégeage, qui a étudié les allures du gibier, reconnaît promptement les endroits où il doit, de préférence, faire des traînées et tendre ses pièges. Il est très " payant " de faire une série de traînées rayonnantes vers l'endroit où sont tendus les pièges ; ces traînées y conduisent le renard et plus la bête est prise tôt, c'est autant de gagné !... S'il n'est pas assez habile pour les distinguer en tout temps, les passées habituelles des animaux nuisibles lui seront nettement indiquées en temps de neige, et il devra plus tard mettre à profit les observations qu'il aura faites à cette époque. C'est à ce moment qu'il verra clairement " écrites " sur le sol, les allures du renard et qu'il comprendra que ce grand prédateur, qui est obligé de chasser pour manger n'a pas ses allures régulières que lui prêtent certains naturalistes de salon.

• Création d'une " traînée " en sous-bois

Les prédateurs ont un sens olfactif très développé. Les odeurs attractives éveillent leurs sens dégustatifs en perspective d'un repas. Le but de la traînée est de créer une trace odorante, en sous-bois, destinée à amener l'animal qui la suivra à un piège, tendu généralement en jardinet. Il est évident qu'elle devra être de même nature que l'appât placé près du piège. Il faudra utiliser une matière consistante pour ne pas qu'elle se désagrège après quelques mètres de traînée. Il faut donc placer un amas de tripailles sanguinolentes dans un carré de filet de 0,50 m de côté, solide, à petites mailles. Les quatre coins seront rassemblés en un baluchon attaché à un solide cordeau de 2 à 3 mètres de long que l'on traîne derrière soi par monts et par vaux. De temps à autre, on interrompt l'opération pour placer une " amorce ", c'est-à-dire un petit morceau d'appât sur la traînée.

• Renard : un bon truc

Si on capture une femelle de renard, en période de rut, il faut la faire uriner (en lui pressant sur le ventre) sur une borne, en plaine, et placez deux ou trois pièges autour. C'est la capture certaine des mâles en quête de bonne fortune.

• Comment constituer un centre odorant

Au point de vue piégeage avec emploi d'une odeur spéciale attirante, que l'on trouve dans le commerce, il suffit de constituer un centre odorant puissant du côté du vent par rapport au piège et à environ 0,80 m ou 1 m de celui-ci. Comment constituer ce centre odorant !...

Tout simplement à l'aide d'une matière spongieuse imbibée de l'odeur achetée. Comme matière spongieuse, nous avons le choix entre un morceau d'éponge, un tampon de mousse d'arbre, un fragment de moelle de sureau, un tampon d'ouate hydrophile, etc..., en harmonisant la matière avec le milieu où l'on opère. Autant que possible, on cherchera à abriter ce support de la pluie et de la neige, en le plaçant sous une branche ou au besoin sur un petit socle l'isolant du sol (caillou). Ne pas exagérer la grosseur du tampon qui ne doit dépasser la longueur d'une noix.

Parfois on se contente de le placer dans la fente d'une branchette piquée dans le sol, et à 20 ou 30 centimètres de hauteur ; on peut également le clouer sur un tronc d'arbre.

Ces manières de faire offrent une plus grande diffusion de l'odeur, mais aussi une diffusion plus rapide.

• Les meilleurs appâts hivernaux pour le renard

Par temps de gel prolongé et neigeux, la traînée à l'aide d'une pièce de gibier éventrée, ou d'une panse de mouton, donne d'excellents résultats. Toutefois, les meilleures amorces sont les moins volumineuses : la noisette de beurre, le morceau d'intestin de lièvre ou de volaille, le très petit poisson (ablette ou vairon) sont à préférer.

• Une amorce excellente pour la capture du renard

Sur des lignes convergeant vers les pièges tendus au jardinet, on répand des amorces qui ont la propriété d'attirer les renards.

Une des meilleures amorces à renard est la suivante : dans le courant du mois de décembre, quand les renardes sont en chaleur, on fait en sorte d'en tuer une, et on en détache les parties génitales qu'on fixe sous sa chaussure ; on exécute ensuite tout un circuit dans les allées du bois pour revenir vers les pièges tendus. Cela fait, il faut s'éloigner définitivement et remplacer ses chaussures qui ont servi à la traînée par une paire d'autres qui seront saines. Les prises seront généralement nombreuses. Un temps nébuleux et couvert est un bon temps pour pratiquer la traînée.

• Conseil d'utilisation de la nasse à corvidés

1° - Vérifier le fonctionnement des trappes

2° - Opérer avec discrétion, poser le piège et s'en éloigner le plus rapidement possible (sans chien bien sûr).

3° - Choisir le terrain favorable. Pour la pie et la corneille, les pâtures et les lisières de bois sont conseillées.

4° - Relever la nasse une ou plusieurs fois par jour en éloignant les corvidés qui surveillent à proximité.

5° - Ne pas tendre trop fin, les oiseaux pouvant, lorsqu'ils se débattent, déclencher les trappes.

6° - Changer régulièrement l'emplacement et parfois l'appelant (certains prennent mieux que d'autres).

7° - On peut placer des appâts dans les trappes (viande, abats, etc...).

8° - Ne pas laisser à vue les oiseaux supprimés. Il faut les offrir aux renards, qui ne mangeront pas autre chose, pendant ce temps.

9° - Prendre soin de l'appelant, donner à boire et à manger (croquettes à chien). Mettre un perchoir par temps de pluie et couvrir le compartiment avec une vitre.

10° - Le lever du jour, le coucher et l'heure du midi sont les périodes les plus favorables.

Enfin, restez discrets comme doivent être tous les piégeurs.

Le système est très efficace, si vous respectez scrupuleusement ces conseils.

Les corbeaux freux nichent en corbeautières, ils sont ainsi facile à réguler en mai. Attention, le tir dans les nids est interdit.

• Les odeurs en piégeage

Il existe des établissements spécialisés pouvant livrer des odeurs prêtes à l'emploi. Certains piégeurs de la " vieille école " préparent eux-mêmes ces odeurs.

Dans ce domaine, il y a lieu de distinguer immédiatement les odeurs se rapportant à l'instinct de reproduction, et celles se rapportant au besoin de nourriture. Les premières ne sont valables que pendant la courte période de reproduction, variable selon les espèces. Les secondes sont particulièrement intéressantes quand la nourriture fait défaut, c'est-à-dire en hivers rigoureux.

Mais, et ceci est excessivement important, quel que soit le genre d'odeurs employées, il est indispensable de choisir minutieusement le lieu où on veut les employer.

Il ne faudrait pas exagérer leur valeur de piégeage, pas plus du reste que de nier leur influence. Tout dépend de la façon de s'en servir, du moment et du lieu d'emploi et du genre d'animal piégé. Il ne suffit pas d'avoir un flacon d'odeur pour faire venir les animaux à piéger sur un point déterminé. Il ne faut pas non plus forcer la dose en croyant bien faire ; par contre, quand le piégeur connaît parfaitement les parcours réguliers suivis par les animaux à piéger, qu'il sait profiter du moment et du vent favorables, il est hors de doute qu'il augmente sérieusement ses chances de capture pour beaucoup d'espèces.

La confection des odeurs faisait autrefois partie d'une certaine " sorcellerie ". Aujourd'hui, cette " alchimie " du piégeage est devenue une simple question de laboratoire à la portée de tous. En effet, pour le particulier qui s'y intéresse, il lui est facile de les fabriquer lui-même avec soit des produits naturels, soit avec des produits de synthèse qu'il trouvera dans toutes les grandes pharmacies.

• Le problème des appâts

La présence de tout appât, quel qu'il soit, éveillera la méfiance des animaux et cela, d'autant plus qu'il différera de leur nourriture habituelle. Ceci est valable autant pour la pêche que pour le piégeage. Une grive, un merle ou un vulgaire moineau gris sont des appâts naturels ; rencontrés non pas journellement par les carnassiers mais plusieurs fois dans le cours de l'année. Par contre, un morceau de lard, des tripailles d'abattoir ne sont pas choses courants au milieu des bois. Leur place pourrait être mieux indiquée sur un tas de fumier en plaine. Il y a donc un choix judicieux à faire non seulement parmi les appâts, mais aussi dans leur présentation et l'opportunité de leur présence dans le lieu de piégeage.

Il y a également le problème dénommé " résidus ". Ce terme groupe tous les oublis, toutes les traces de passage laissés par le piégeur sur le terrain (mégots, papiers, bouts de ficelle, branchettes cassées, feuilles éparpillées, etc...) qui sont autant de sonnettes d'alarme pour les animaux.

• A savoir : la mémoire olfactive et gustative chez les animaux sauvages

Les animaux sont tous dotés, à un degré plus ou moins élevé, de mémoire. Du côté de la mémoire visuelle, il n'est pas rare de voir les faisans accourir sur le layon d'agrainage dès qu'ils voient le garde arriver. Il en est de même dans les chasses de grand gibier où les sangliers attendent l'arrivée du tracteur et du distributeur de maïs.

Du côté de la mémoire auditive, il arrive de voir, dès la mise en place des rabatteurs, des renards vider le terrain tout comme la biche meneuse suivie de sa harde.

Si nous passons à la mémoire olfactive et gustative, elle se manifeste surtout parmi les carnassiers. Les renards ont des réticences à donner aux appâts qu'on leur présente. Ils connaissent parfaitement l'odeur humaine et savent qu'ils n'ont rien de bon à en attendre, qu'il s'agisse simplement de la piste laissée par le piégeur ou des appâts qu'il a manipulés.

Les rats, qui sont très rusés, savent parfaitement distinguer les couleurs ; s'ils consentent à prendre des grains de céréales, ils sont très méfiants avec des grains colorés, même avec une substance inodore.

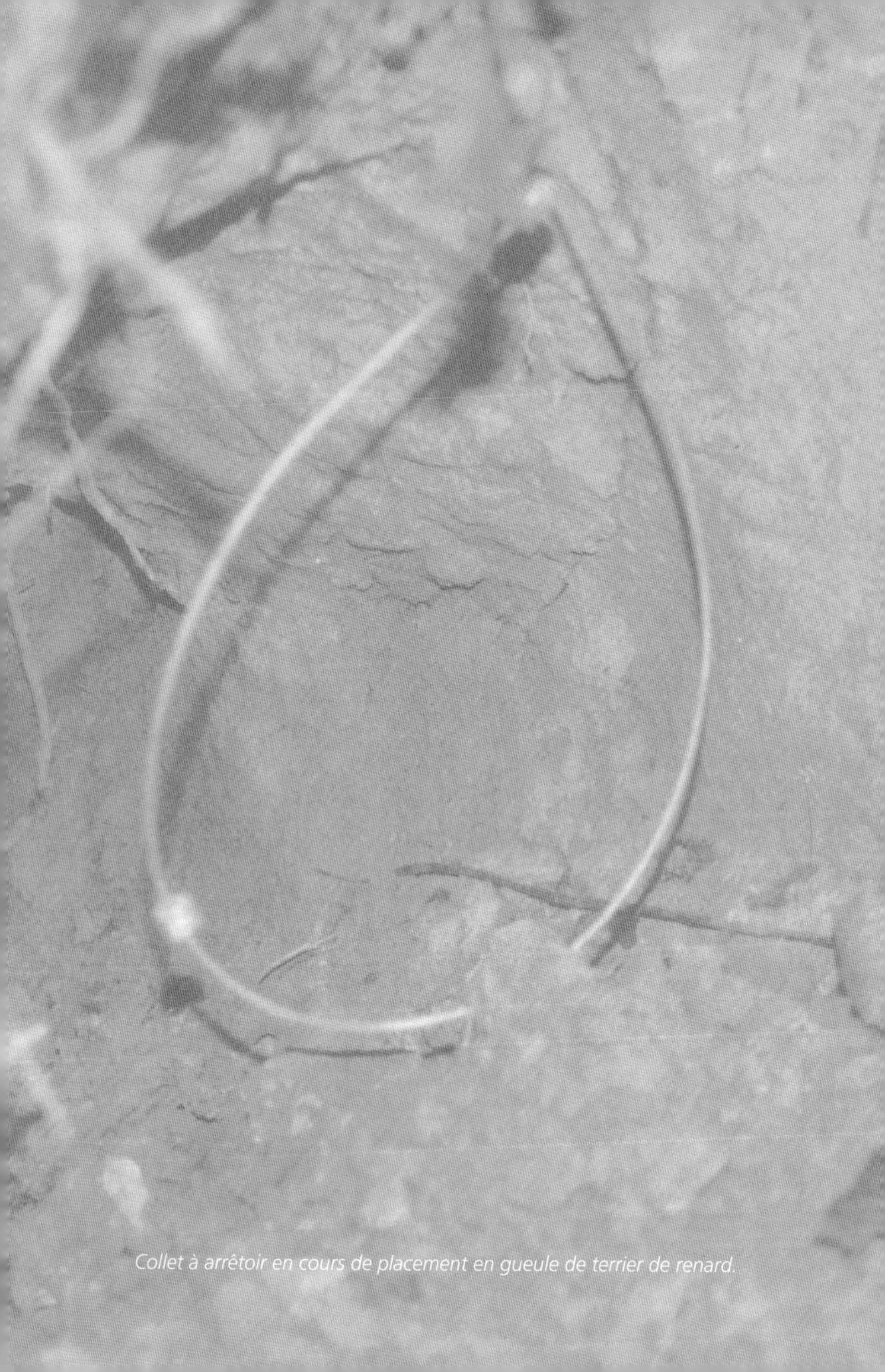

Collet à arrêtoir en cours de placement en gueule de terrier de renard.

IX – SOINS A APPORTER A LA TENDUE DES COLLETS A ARRETOIR POUR RENARD

• Piégeage du renard en coulée au collet à arrêtoir

Au bois, en coulée, le collet à arrêtoir prend très bien le renard ; encore faut-il prendre quelques précautions : chercher un endroit où le cercle de métal se confondra parmi la végétation.

Il est toutefois conseillé d'opérer par temps de pluie ce qui fait disparaître plus rapidement les effluves humains. Il ne faut pas non plus piéger au collet durant la pleine lune ; quant au sens du vent, il n'influe pas sur la réussite. Souvent, le renard est pris le lendemain matin. Mais, si l'insuccès persiste deux ou trois nuits, il faudra surveiller attentivement les alentours et neuf fois sur dix, on découvrira une nouvelle coulée à moins de vingt ou trente mètres de l'ancienne. Dans ce cas, il suffira de placer une fiche surmontée d'un papier blanc sur ce nouveau passage. Le renard dérangé, retournera à sa première coulée et comme après quarante-huit heures, il ne subsiste aucune odeur humaine, il se prendra infailliblement.

• Le collet en raie de charrue : un procédé remarquable !...

C'est un procédé simple, efficace, pour réguler le renard !... Dès qu'un champ est fini de labourer, la dernière raie, qui forme comme un minuscule sentier, dont la terre est lissée par le fer de la charrue, est dès la nuit suivante parcourue par les renards.

Le fait se renouvelle durant les deux ou trois nuits consécutives, puis ce " chemin " est délaissé par la suite. Il suffit de placer à un endroit quelconque du sillon, un collet à arrêtoir enchaîné à un piquet. Neuf fois sur dix, le lendemain à l'aube, le renard est pris et,... l'on en prendra d'autres !...

Le renard emprunte cette " route " pour y chercher des mulots et des nids de souris. Pas besoin de prendre mille précautions pour tendre le collet (si ce n'est que de respecter la bonne hauteur de pose). On arrive tout bonnement à la tombée de la nuit, après le départ du laboureur et l'on tend sans s'occuper du vent et sans chercher à masquer nos odeurs. Le renard aborde le piège, nez haut, aussi bien au vent qu'à contre vent.

Quand le champ est très long, il y a avantage à placer à 40 ou 50 mètres des extrémités un collet à arrêtoir, de sorte que si l'animal

commence une exploration par le milieu du labour, il rencontrera toujours un collet prêt à le "cravater".

Dernier conseil : si on a pris dès la première nuit, il faut déplacer le collet d'une trentaine de mètres et tendre à nouveau (il est arrivé de prendre trois renards en trois nuits dans le même sillon).

Cage à pies. Engin très prenant.
Il se place près d'une haie ou d'un verger fréquenté par les pies bavardes.

X – SAVOIR PROFITER DE L'INSTINCT GREGAIRE DES BECS DROITS

• Capture de la pie au miroir

Le piège dit " cage à pies " est très efficace pour capturer les pies bavardes. Dans le compartiment central, on place un " appelant " vivant chargé d'attirer ses congénères dans les quatre compartiments situés en périphérie. La plus grande difficulté pour les piégeurs consiste à se procurer des " appelants ".

Une solution originale existe pour capturer les pies sans avoir recours aux " appelants ". Il s'agit de disposer un miroir dans le fond de chaque compartiment destiné à la capture. D'un naturel très curieux, la pie sera irrésistiblement attirée par son image dans le miroir et pénétrera aussitôt dans la cage.

• Bien nourrir les pies appelants

La cage à pies paraît un moyen de régulation de l'espèce particulièrement efficace. Toutefois, il est difficile de garder vivants les " appelants " car la pie bavarde est un oiseau très vite stressé. Le bon truc consiste à nourrir les pies " appelants " avec des croquettes pour chien ou chat, légèrement humidifiées.

Cette nourriture carnée, vitaminée, à ration équilibrée, permet de garder longtemps les précieux oiseaux.

XI – BIEN AFFUTER LES GEAIS, PIES ET CORNEILLES, AU FUSIL

Autorisé en période d'ouverture de la chasse ou toute l'année pour les gardes particuliers

•Tir du geai des chênes à la " becquée "

Le geai des chênes est un grand destructeur de petits et moyens oiseaux du fait qu'il gobe leurs œufs frais. Ses cantonnements habituels sont les bois de chênes ou de hêtres, surtout ceux qui sont mélangés d'arbres résineux. Vers fin mai, recherchez un nid de geais, placé ordinairement sur un baliveau ou, à quatre ou cinq mètres de hauteur, sur les basses branches d'un chêne ou d'un hêtre et même dans un tas de fagots, resté pour compte. Le nid fait de brindilles sèches et garni intérieurement de toutes petites racines où la femelle dépose de quatre à six œufs.

Ayant repéré le nid, attendez que la femelle couve sérieusement car à ce moment, c'est le mâle qui lui apportera sa nourriture trois ou quatre fois par jour : le matin vers 7 et 10 heures et l'après-midi vers 14 et 16 heures.

Muni de votre fusil, chargé d'un coup de plomb n° 6, cachez-vous dans un buisson voisin du nid. Bientôt le mâle arrivera, porteur du repas de la couveuse, pour se percher sur un arbre le plus rapproché du nid. Puis vous le verrez à bonne portée sur l'arbre où se trouve le nid et même sur le nid où il se sera rendu d'un trait.

S'il est à portée sur un arbre, abattez-le.

• L'affût aux geais sous les chênaies

L'affût aux geais est très fructueux dans les chênaies, les années de glandées. Le geai est un grand amateur de glands. Prenons-le par son faible et glissons-nous à l'abri des plus gros chênes, nous sommes sûrs d'y surprendre les geais qui viennent ramasser des glands ; cette récolte les occupe fort et ils s'en vont aussitôt cacher leur butin dans un creux d'arbre, car ils ont, comme l'écureuil, la manie d'amasser des réserves de nourriture.

Hutte sommaire, en lisière d'un boqueteau de plaine, pour l'affût au grand duc.

• Profiter de la haine des becs droits

Le grand duc n'est pas seul à inspirer la haine des becs droits : placez bien en vue un renard naturalisé ou un furet putoisé et cachez-vous à proximité, vous aurez de nombreuses occasions de brûler des cartouches. Un geai naturalisé est un atout qu'il faut se hâter d'utiliser, grâce à ses couleurs vives, vous aurez bientôt autour de vous tous les geais du bois et les coups de fusil ne les éloigneront que momentanément. L'essentiel est de n'utiliser ces trucs que passagèrement, d'en avoir l'emploi pour en obtenir le maximum de rendement. En mai-juin, lorsque les jeunes geais ont pris leur envol, l'affût est très profitable. Pour cela, on peut se servir de l'appeau métallique que vendent les armureries spécialisées. Si un geai s'est fait entendre dans les arbres, lancez avec l'appeau quelques " jack !... jack !... " énergiques. Immédiatement, si votre présence est ignorée, un oiseau y répond et presque aussitôt accourt en voletant pour reconnaître la cause de ce tapage. Il faut tirer vite et ne pas bouger quel que soit le résultat ; on attend quelques minutes et on recommence. Quand on a affaire à des oiseaux nouvellement sortis du nid, on peut ainsi occire la couvée entière. La séance du matin est la meilleure !...

• Conseils pour la régulation des becs droits au grand duc artificiel

Pour réguler les becs droits (pies, geais, corneilles et corbeaux), le chasseur ou le garde doit prendre un grand duc de petite taille. En effet, les becs droits viennent mieux, si la taille de leur " ennemi " leur en impose moins.

Il faut opter pour le grand duc qui remue les ailes et la tête autant qu'on le désire. Le grand duc sera placé à 35 mètres environ de la cabane d'affût et il devra être au sommet d'un pieu de deux mètres de haut.

A une dizaine de mètres sur la gauche, il faut avoir soin de placer toujours un petit arbre mort, mais dominant le pieu du grand duc. Là, viendront se percher les becs droits.

Un geai, après quelques cris, viendra se poser ; une pie, après avoir crié de loin, viendra faire quelques tours et se perchera silencieusement, à moins qu'il y en ait d'autres dans le voisinage.

Il faut avoir soin de placer le grand duc de telle façon qu'il puisse tourner la tête du côté où d'habitude, les corneilles noires se branchent pour observer, afin que lorsqu'une corneille perchée ne veut pas descendre, on fasse diriger la tête du grand duc de son côté

Relevé de la cage à pies, cinq oiseaux capturés.
La pie " appelant " se situe dans le compartiment central.

tout en faisant remuer les ailes. Très souvent, la corneille se croit provoquée et " attaque " le leurre.

Quant à l'appeau aux geais, il servira à faire venir près du grand duc un geai qui, dès qu'il l'aura vu, appellera les autres et tous crieront, ou quelques-uns viendront se percher sur l'arbre mort mais, à la première détonation, la bande ira crier de plus belle, mais loin de là.

• La pie et ses méfaits

La pie place habituellement son nid près des prairies ; elle n'aime pas non plus s'éloigner trop des habitations. Elle " furète " dans les environs, gobe les œufs et enlève les poussins de perdrix, les canetons tout en ayant l'air de jouer et de baguenauder. Son nid, un fagot de ramilles, est facile à découvrir, sauf cependant quand il se dissimule dans une forte haie d'épines.

La pie, comme il a été dit ci-dessus, est friande des œufs de cane colvert. On reconnaît la voleuse aux deux trous d'inégale grosseur, qu'elle perce sur les œufs avant de les gober.

• Régulation des becs droits au perché

Choisissez dans un bois, un arbre très élevé sur un coteau exposé au soleil levant, dans un taillis épais de 6 ou 7 ans, au moins. Si vous le pouvez faites mourir cet arbre en lui enlevant un bracelet d'écorce de 20 cm de largeur. Quand viendra la saison des nids, après une nuit de rosée ou mieux quand une brume ou une petite pluie auront trempé les feuilles, tous les couples, toutes les couveuses ambitionneront une place sur cet arbre sec, non seulement pour la belle vue qu'il procure sur les proies possibles, mais surtout pour venir s'y sécher les plumes au bon soleil de printemps de 6 à 9 heures du matin.

Les corneilles et les pies, des becs droits puissants, seront les premières et les mieux placées sur l'observatoire-séchoir. Il vous suffira, immobile, ayant pris à l'avance vos repères, et bien caché sous les nouveaux rameaux, de supprimer nos " pillards de nids et de couvées d'oiseaux-gibier ".

• Attirer les becs droits à l'aide d'un furet putoisé

Les pies et les corbeaux viennent de très loin au leurre. L'idéal est un furet fixé sur place par une corde et à qui on aura mis pour jouer une poignée de grandes plumes attachées à un petit plumeau. C'est un très bon leurre qui attirera tous les becs droits. On les tire d'un poste d'affût établi à proximité.

• Un truc infaillible pour réguler les becs droits

En période de chasse, il existe un procédé pour réguler efficacement les pies bavardes au fusil.

Prenez tout d'abord une peau de lapin et remplissez-la de paille. Coupez ensuite deux bâtonnets et enfoncez-les dans les oreilles pour que ces dernières se tiennent bien droites. Ensuite, faites une omelette de trois ou quatre œufs en gardant les coquilles. Une fois tout cela prêt, choisissez, sur le terrain de chasse, une haie haute et fournie ou un bouquet d'arbres bordant un pré, un endroit que les pies affectionnent.

Dans la haie ou le boqueteau, faire un abri sommaire avec quelques branchages. A une trentaine de mètres devant, placez la peau de lapin, en dispersant tout autour, mais assez groupés, les coquilles d'œufs et les morceaux d'omelette, de la taille d'un dé à coudre. Il ne vous reste plus alors qu'à prendre place dans l'abri et attendre.

L'attente n'est généralement pas longue. La première pie qui passe au-dessus du pré, intriguée, va se poser dans la haie et jacasser longuement, attirant alors ses congénères. Curieuse de nature, s'enhardissant, elles vont venir se poser au pied du " festin ". Mises en confiance, gourmandes, les pies vont prendre les morceaux d'omelette. Une fois " attablées ", il est facile de les tirer d'une cartouche de plomb n° 6 sans en rater une seule. Il faut alors ramasser les victimes et attendre de nouveau. En général, la même scène se reproduit une heure plus tard. Il est rare que les corneilles noires se prennent à ce genre d'appât. Pour elles, remplacez la peau de lapin et les œufs par une tête de mouton sanguinolente. Le truc est infaillible et très régulateur concernant ces becs droits, pilleurs de nids et de jeunes oiseaux gibier.

• En Avril, la pie est au nid

La pie bavarde a établi son nid très haut sur un peuplier, ou à défaut de grands arbres, dans une haie touffue. Au 1er avril, il y a déjà des œufs dans ces nids, vers le 15 du mois, les individus adultes couvent déjà : une longue queue noire dépassant hors, l'envol de la femelle dès qu'un coup de talon frappe l'arbre en sont les preuves indiscutables. On peut alors la réguler au fusil pour un garde-chasse assermenté.

Une séance payante : 8 corneilles noires abattues en 2 heures d'affût

• Tir des jeunes pies dans les haies

Quand les jeunes pies quittent le nid en juin-juillet, elles viennent se réfugier dans les haies des pâtures attenantes aux fermes ; ces haies sont généralement touffues, elles s'y abritent pendant la chaleur du milieu de la journée et, de temps en temps, appellent leurs parents qui les surveillent.

Quand on entend les appels rauques de ces jeunes pies, on les recherche dans le feuillage. Les jeunes pies se laissent très facilement approcher en ce cas. Elles tiennent dans leur abri qu'elles croient les cacher suffisamment. Il est alors facile d'en prélever trois ou quatre en une approche.

Naturellement, cette régulation au fusil s'adresse aux gardes chasse particuliers assermentés.

• Le tir des pies au dortoir

Un autre mode de régulation des pies que l'on peut pratiquer en temps de chasse ouverte, c'est le tir des pies, en fin d'après-midi, dans les taillis où elles viennent se réunir pour passer la nuit. Les pies arrivent avant la chute du jour. Elles jacassent fort, se disputant les places dans le même buisson touffu. Il faut donc se poster au milieu de ces perchoirs de pies. Comme les pies arrivent, les unes après les autres, remuent beaucoup de branche en branche, volent au-dessus des taillis ou d'arbuste en arbuste, elles frôlent presque le tireur à l'affût qui peut en tuer un certain nombre en fort peu de temps.

• **Le grand duc synthétique idéal**

La loi n'autorise que le grand duc artificiel pour réguler les becs droits. Le grand duc est classé " espèce protégée " comme tous les becs crochus d'ailleurs.

Formes : L'oiseau (leurre) se présente toujours dans l'attitude suivant : oiseau au repos, mais sur ses gardes, c'est-à-dire tête rentrée dans les épaules, faisant le gros dos, écrasé sur son perchoir, les ailes tombantes, légèrement décollées du sol.

Vu de face, l'oiseau doit offrir une silhouette ovoïde large du haut et mince du bas, la tête dépassant de fort peu le dos, les plumes formant les " oreilles " étant horizontales, les ailes repliées, mais légèrement décollées du corps. Il faut que, vu sur tous les angles, l'oiseau donne cette attitude aux aguets.

Cette recherche de la similitude de formes pourra faire sourire certains chasseurs, mais ils ne doivent pas perdre de vue que les becs droits effectuent presque tous un vol de reconnaissance circulaire autour du leurre avant de l'attaquer.

Relativement à la taille, le grand duc a été choisi parmi les rapaces nocturnes uniquement à cause de sa grande taille qui le rend plus visible, mais tous les nocturnes de la taille de la hulotte attirent les becs droits.

Coloris : Mais la forme ne joue pas uniquement comme élément attractif, le coloris joue également un grand rôle.

Le leurre doit se tenir à la tonalité exacte avec un fond ocre jaune sur lequel s'étalent bandes et dessins marron foncé !...

La tête, la nuque et le dos avec des raies longitudinales, le ventre plus clair parsemé de dessins en quinconce, rappelant des croix de Lorraine. Les serres sont noires ainsi que le bec. La queue foncée avec une bande ocre et dépassant de fort peu la pointe des ailes. Ces dernières rayées de bandes foncées transversales. Les collerettes autour des yeux sont marron foncé près des yeux et plus claires à l'extérieur. Les yeux sont d'un orangé profond.

Il faut donc s'inspirer de ces données lors de l'achat d'un grand duc artificiel !...

Il est possible au titre d'usager de modifier dans une certaine mesure le coloris. Il faut opérer avec du carbonyle pour faire les

Installation du grand duc artificiel.
Le rapace nocturne attire tous les becs droits de passage.

dessins du plumage ou pour foncer celui-ci.

Il faut donc s'inspirer de ces données pour ne pas s'égarer dans l'achat d'un grand duc artificiel aux allures étranges et aux teintes baroques.

Dernier conseil : il ne faut pas abuser des séances de grand duc et, si le territoire de chasse n'est pas très étendu, il faut varier souvent les emplacements.

• Régulation des becs droits au grand duc, à savoir !...

Lorsqu'on opère en plaine ou assez loin des bois, les pies s'approchent du leurre, mais ne font que passer. Il n'en est pas de même si quelque arbre se trouve à proximité. Presque toujours elles s'y reposent pour crier et jacasser. Devant une hutte fixe, une vieille souche morte avec quelques branches, plantée dans le champ de tir à une dizaine de mètres à droite ou à gauche du leurre, fera on ne peut mieux l'affaire. Elle raccrochera la plupart des pies vagabondes et même engagera souvent les corneilles à faire comme les pies.

• Becs droits : les meilleurs leurres !...

De tous les hiboux, c'est le grand duc artificiel articulé qui constitue le meilleur type de leurre pour l'affût aux becs droits. Le grand duc est exécré de tous les oiseaux, qui effectuent de nombreuses passes autour du leurre sans le frapper réellement ; ils offrent ainsi au " huttier " l'occasion de les tirer au vol. Les pies, les geais et les corneilles noires se montrent les plus excités contre le grand duc.

Au second rang des leurres, sur le rapport de l'efficacité, se place le moyen duc artificiel. Il attire encore fort bien les corbeaux, les geais, les corneilles noires.

Les chouettes artificielles, bien qu'ayant une tête moins horrifique que les hiboux, peuvent servir de leurre aussi bien que le moyen duc. Les formes de chouettes ou de hiboux sont disponibles en jardinerie.

Le leurre sera toujours posé juste en face de la fenêtre de tir, car les oiseaux viennent au leurre dans toutes les directions.

• Animation du leurre

Le leurre sera donc installé sur son pied démontable à 20 ou 25 mètres devant la hutte d'affût.

Par temps calme, l'oiseau sera tourné face à la hutte. La ficelle qui doit l'actionner, dépliée le long du pieu et passée sous la poulie à la base du piquet, recevra une rallonge qui la conduira jusqu'à la loge d'affût. Il ne sera nullement nécessaire d'avoir cette ficelle constamment en main. Par intervalles d'environ cinq minutes, une traction, qui fera tourner la tête et agiter les ailes du leurre, suffira pour éveiller au loin l'attention des becs droits, et une fois cette attention éveillée, il est inutile de continuer de tirer sur la ficelle. De plus, il est très désavantageux de le faire dès qu'un oiseau tend à s'approcher. A vouloir pousser trop loin l'imitation, on risque de tout gâter !...

S'il fait du vent, le leurre sera simplement orienté bec au vent et la ficelle restera sans emploi. Les inégalités de la brise donneront suffisamment de mouvement aux ailes de l'oiseau.

• Construction d'une hutte profonde

La construction de la hutte profonde est surtout un travail de terrassier. Le tronc à creuser, pour une loge pouvant abriter au besoin deux tireurs, aura à la surface du sol, la forme d'un trapèze avec les dimensions de 1 m en avant, de 1 m 80 en arrière et autant sur les côtés. Sa profondeur sera de 1 m 30. Au fond de la loge, sur toute sa largeur, on réservera un banc de terre d'au moins 0,60 m de hauteur. Ce sera autant de moins à déblayer et ce banc constituera le poste d'observation d'où le " huttier " pourra apercevoir le leurre (grand duc artificiel et articulé) placé sur un piquet de 1 m 50 de hauteur à 20 ou 25 m en avant de la hutte. Au-dessus de l'ouverture de celle-ci, contre l'un des cotés, on se ménagera également un escalier d'accès.

Quatre pieux solides seront enfoncés à l'intérieur de chaque angle de la hutte. Les deux pieux de l'avant dépasseront le sol de 0,50 m à 0,60 m, ceux de derrière de 0,20 m. Un cadre en bois assez épais sera cloué sur ces pieux et sur ce cadre, on appliquera un toit de zinc sur lequel on rejettera une partie des déblais. L'autre partie, retenue par des pierres ou des planches sera amoncelée contre les côtés et en arrière de façon à boucher les ouvertures et à former un talus assez régulier sur lequel l'herbe ne tardera pas à pousser. L'ouverture d'avant, la seule qui subsistera, servira de porte d'entrée et de fenêtre de tir ; elle mesurera 0,55 m de hauteur en moyenne sur 1 m de largeur.

• **La hutte volante**

La hutte volante est généralement la hutte du débutant. Elle

Hutte sommaire pour affût aux becs droits

convient surtout autour du bois. Sa construction est des plus simples. Elle s'effectue en un quart d'heure, avec trois claies oblongues de 2,10 m de long sur 1,80 m de large et une claie carrée de 1 m 20 de côté.

Si l'emplacement choisi est sous un arbre, on pose les grandes claies debout sur leur petit côté afin de se ménager à l'intérieur la hauteur de 2,10 m. L'une de ces claies est adossée au tronc et forme le fond de la hutte contre lequel on ajuste en les fixant à chaque angle par une ficelle ou un fil de fer les deux autres claies qui constituent les côtés. On aligne ceux-ci dans la direction du champ de tir, non toutefois parallèlement entre eux, mais en rapprochant un peu leurs extrémités de façon que le devant de la hutte n'ait que 1 m à 1 m 10 de large. On recouvre le dessus de branchages clairsemés. Enfin, la claie carrée, dressée simplement par-devant, ferme la porte, et comme sa hauteur est moindre que celle des autres claies, il reste au-dessus d'elle l'ouverture nécessaire pour tirer au sol, ouverture dont il peut être bon de réduire un peu les dimensions par les jours clairs au moyen de quelques branchages entrelacés.

Dans cette disposition, la hutte est moins large que haute. Il est nécessaire qu'il en soit ainsi pour permettre au chasseur, lorsqu'il a à tirer des oiseaux perchés au-dessus de sa hutte, de se tenir debout (ce qui est presque toujours indispensable dans ce genre de tir) et de passer facilement le fusil à travers les lacunes de la toiture.

• Hutte sommaire pour réguler les becs droits au grand duc

Si on a spécialement en vue la régulation des pies bavardes et des corneilles noires (régulation qui s'impose dans toute chasse bien tenue) ce n'est pas en plaine mais contre le pied d'un arbre, en bordure même des bois ou bosquets où ils se tiennent, que doit être placée la hutte. Dans ce cas, une cachette " volante ", de construction très sommaire et seulement couverte de quelques branchages est ce qu'il y a de plus convenable. L'ouverture sera du côté des champs, autant que possible à l'orientation du nord et avec une perspective donnant sur le ciel ; mais comme c'est à travers le toit de la hutte, sur des oiseaux perchés, que l'on tirera le plus souvent, on doit, en sacrifiant un peu au besoin les autres conditions, l'adosser au tronc du côté où, par les lacunes de la légère couverture de feuillage, la vue pénétrera le mieux dans la masse des branches de l'arbre. Un arbre de taille moyenne et même médiocre sera préférable à un gros arbre.

• L'appeau pour le geai des chênes

Le geai est un bec droit qui se méfie ; malin, rusé, méfiant, il est difficile à voir au travers des ronciers où il exécute de véritables acrobaties.

Il est possible de l'appeler avec un simple appeau à frouer (imiter à la pipée le vol et le cri de la chouette, pour attirer les petits oiseaux), que l'on fabrique en fendant un brin de coudrier et en glissant dans cette fente une feuille de lierre pliée en deux.

Lors des battues au bois, le geai surgit avant le passage du gros gibier ; c'est même un précieux indicateur pour le tireur posté dans un layon guettant renards, chevreuils ou sangliers.

Dès la mi-octobre, les geais voyagent par bandes de cinq à six oiseaux, parfois par voliers de quinze à vingt se perchant de temps en temps, jacassant voletant, passant plus ou moins haut selon que l'atmosphère est plus ou moins troublée ; les vents du sud-ouest sont les meilleurs pour affûter ces migrateurs. Si le temps s'y prête, on peut prélever dans les deux à trois premières heures après le lever du soleil 15 à 20 geais, en se postant dans un affût sommaire, en un bois riche en gros chênes. Le geai est un grand amateur de glands ; c'est pourquoi il faut le prendre par son faible et se glisser à l'abri des gros chênes lors des passages d'octobre.

• Régulation des becs droits avec un animal mort

Lorsqu'il gèle très fort, les oiseaux de rapine qui sont très affamés, déciment le gibier à plume ; le tort qu'ils font, surtout aux perdrix, est incalculable. Les becs droits, notamment les corneilles noires et pies bavardes, se tiennent au voisinage des villages. On peut heureusement en prélever beaucoup avec un animal mort que l'on place à côté d'un bosquet ou d'une large haie où il est facile de se cacher. Pour donner confiance à ces oiseaux, on attend un jour ou deux pour les tirer. Le moment le plus favorable est, en fin d'après-midi. Prévoir des cartouches de plomb n° 5 ou 6.

• L'affût aux becs droits

Le meilleur moment pour réguler les pies et les corneilles noires est le printemps, à l'époque où elles font leurs nids, facilement repérables. En se plaçant à son poste d'affût, le matin avant le jour, le garde a des chances de tirer un des nicheurs, dès la première séance lorsque le jour pointe. Il est rare qu'il réussisse à tuer le mâle et la femelle dans la même journée. Cela ne doit pas l'empêcher de

Le geai des chênes vient très bien aux appeaux.

revenir le soir, une heure avant la tombée de la nuit ; mais il devra changer son poste d'affût et arriver sur les lieux avec les plus grandes précautions. Il arrive que la corneille ou la pie n'attende pas l'arrivée du tireur et décampe hors de portée. Il faut alors se blottir dans un endroit bien caché, à l'opposé de celui où l'on se trouvait quand la couveuse est partie ; excessivement méfiante, avant de revenir sur ses œufs, elle inspectera longuement les environs ; si elle vous découvre, votre affût est manqué ; souvent elle abandonnera son nid, si deux ou trois fois de suite, elle s'aperçoit qu'elle est observée (attention : le tir dans les nids de becs droits est interdit).

• Création rapide d'une hutte à becs droits

Des douze mois de l'année, Mai et Juin sont incontestablement les plus favorables à la chasse des becs droits, à la hutte avec le grand duc articulé. L'établissement d'une hutte, très simple en apparence, demande plus de connaissances pratiques que généralement on ne le pense. Une hutte doit être placée en un lieu découvert, sur le passage étudié d'avance des becs droits (pies bavardes, corneilles noires), car les oiseaux ont leurs coulées dans le ciel. On creuse un trou de dimensions convenables, autant que possible sur un point culminant de la plaine, en lisière d'un boqueteau, d'un talus boisé, d'une haie.

On couvre ce trou avec des roseaux, des branchages, des genêts, de manière à donner à cette couverture l'aspect d'une butte naturelle. L'entrée, creusée en pente dans le sol, est masquée des branches. Si l'on fait une porte en planche, on cloue dessus de la mousse et de l'herbe. Du côté opposé à cette porte, on aménage plusieurs meurtrières. Juste en face, on plante à une trentaine de mètres, dans la plaine, un perchoir sur lequel on place le grand duc articulé que le garde, assis dans l'intérieur de la hutte, ne perd pas de vue un seul instant. Les becs droits qui passeront vont fondre sur leur ennemi de toujours. Reste au chasseur à choisir le moment favorable pour les tirer. L'instant, le plus valable pour le tir des becs droits à la hutte, est le matin jusqu'à dix heures et depuis trois heures jusqu'à la chute du jour

Le tireur
ne doit pas
sortir de sa hutte en
cours d'affût.

S'il sort,
aucun bec droit
n'approchera !...

• **La corneille noire : la réguler aux abords des nids**

La corneille noire (Corvus Corone) est un bec droit très intelligent. Très rusée, toujours en observation, elle découvre les nids des petits oiseaux et aussi bien sûr ceux des oiseaux-gibier.

Les dommages de la corneille noire sont importants. Il a été trouvé autour d'un nid de corneille, les débris de 92 œufs de perdrix grises et sous un autre nid., les débris de 45 œufs de faisans communs. Les levrauts paient un lourd tribut à l'oiseau noir.

Le nid de la corneille noire est souvent placé assez haut dans un arbre, soit à la flèche, soit sur une grosse branche et il est dans ce cas appuyé au tronc.

En général, un nouveau nid est construit chaque année, mais s'il est bien situé, il peut être réoccupé l'année suivante. Dans la règle, cependant, les anciens nids de corneilles sont occupés par des oiseaux de proie, crécerelles, milans, moyens ducs. Le nid est quelquefois difficile à découvrir lorsque l'arbre qui le porte est dans une forêt. C'est pourquoi, avant la pousse des feuilles d'avril-mai, il faut marquer à la peinture les troncs des arbres porteurs de nids de corneilles noires.

La ponte a lieu en avril-mai, elle comprend généralement cinq œufs ; ils sont verdâtres tachetés et pointillés de gris vert, vert olive. Ils éclosent après dix-huit à vingt jours d'incubation.

Ce n'est qu'à un mois que les jeunes corneilles sont capables de prendre leur vol. La tournée des nids s'impose donc et il est facile pour le garde-chasse assermenté de réguler les jeunes corneilles qui s'aventurent sur les branches situées aux abords du nid.

XII – UTILISER DES LEURRES TRES ATTRACTIFS

• Piégeage à la remarque

C'est une application du piégeage en "batterie". On appelle "batterie", l'emploi simultané de trois ou quatre pièges, sur une surface restreinte sur laquelle on escompte qu'un fauve viendra évoluer. Chaque piège étant placé de 60 à 80 cm d'un autre, et de façon qu'un animal pris par un piège puisse être capturé au besoin par un deuxième piège tendu. Ce piégeage-batterie nécessite le plus souvent un appât.

A/ Piégeage à la remarque : certains animaux, curieux de nature, ont la mauvaise habitude de venir inspecter ce qui de loin attire leurs regards (tas de sable, borne, pierre blanche, touffe isolée). On profite de cette curiosité pour les " cueillir " à l'aide d'une batterie placée autour de l'objet attirant.

B/ Le piégeage au charnier est identique. On opère soit sur une élèvation, monticule, tas de fumier isolé, en plaine, et on tend (autour d'un appât enterré à demi et solidement attaché après un pieu enfoncé complètement en terre) quatre ou cinq pièges. Un cadavre d'animal de basse-cour fera merveille.

• L'affût au renard à la proie vivante

Ce mode de chasse est un procédé propre à réguler l'un des plus dangereux ennemis du petit gibier de plaine et bois. C'est vraiment un mode d'affût spécial.

Il se pratiquait beaucoup en Alsace, en des temps immémoriaux, et c'est une proie vivante, au lieu d'une proie morte, qui sert d'appât. Les affûteurs partent donc avant le petit jour ou en fin d'après-midi, emportant une poule de ferme ou tout autre oiseau de basse-cour. Une fois arrivés au poste qu'ils ont choisi, avec une longue ficelle ils attachent la poule au défaut de l'aile, puis ils grimpent sur un arbre, se dissimulant derrière les feuilles, s'il y en a, ou, tant bien que mal, derrière les branches et gardent la plus parfaite immobilité (la chaise d'affût dépliable et transportable, convient très bien). Ainsi élevés, à une hauteur de 2 à 2,50 m du sol, ils ont beaucoup de chance de n'être pas éventés par le renard.

De temps en temps, ils agitent la ficelle qui retient la poule laissée à terre ; celle-ci se démène en criant. Si le renard se trouve dans les environs, il s'approche. L'un des chasseurs tire toujours la ficelle en s'efforçant de ne produire aucun bruit insolite et de ne pas détourner l'attention du " forban " concentré sur la victime convoitée. Pendant ce temps, l'autre chasseur, le fusil à l'épaule, attend que le renard soit à bonne portée, afin de le tirer à coup sûr.

• La pie : un excellent appât

En général, tous les carnassiers disposent d'une bonne vision. Toutefois, pour ceux qui souffrent d'une déficience il faut leur offrir un appât bien visible, mobile au besoin, éclairé au maximum et de couleur blanche ou noire, tranchant nettement sur le fond du décor.

Une pie morte pendue par les pattes offre le coloris blanc du ventre pour les fonds sombres, le noir du dos pour les fonds clairs et un mouvement de balancement créé par le vent. Bien souvent, la curiosité provoque l'approche. Le prédateur saute alors sur l'appât suspendu par les pattes et retombe inévitablement sur les pièges tendus en dessous, en " pied de marmite " : hauteur de l'appât, 70 cm pour les mustélidés (fouines, martres et putois) et 1 m 30 pour le renard.

• Piéger le renard à l'appât vivant

L'amorce vivante a de l'efficacité. L'idéal étant d'avoir une pie bavarde ou une corneille noire vivante. On la place dans une mue en grillage, de ces mues dont on se sert à la ferme pour l'élevage des poulets, dont on a garni et clos le fond avec un morceau de même grillage et l'on porte cet appareil dans le champ où on a reconnu les visites des renards. On sème autour de la mue de la tripaille et quand celle-ci disparaît, on pose trois ou quatre pièges autour. Le résultat est certain.

• Siffler le renard

A l'affût, soyez prompt à tirer votre premier coup de carabine avant de siffler. Ce coup de sifflet arrête net, pendant deux à trois secondes, le renard, qui se présente en tête et cherche à deviner d'où vient le bruit, avant de reprendre sa marche. On en profite pour le tirer arrêté mais il faut que l'on soit bien à portée.

• Les leurres dans le piégeage

Sous le vocable de " leurre ", on englobe tous les artifices employés pour tromper les animaux et les amener à un piège ou à un poste d'affût.

Il y a donc des leurres s'adressant à tous les sens des animaux : sens visuel où les leurres prennent le nom d'appelants quand ils ressemblent à des animaux ; sens auditif où les leurres sont dits appeaux ; sens olfactif avec les odeurs ; sens gustatif avec les appâts.

Une surface blanche, un tas de sable, un bout d'étoffe blanc, un piquet blanc suffit à attirer les animaux. C'est le cas du piégeage au "pendu" avec un oiseau tué à cet effet. Il est à noter que dans certains cas, les mêmes couleurs jouent un rôle inverse en effrayant les animaux : c'est le cas des banderoles blanches et rouges ou du piquet encarté fiché à la gueule d'un terrier pour empêcher l'animal de sortir ou de rentrer.

Les appelants sont des animaux présentés sous forme d'animaux vivants : empaillés ou factices (utilisation du grand duc artificiel).

Quant aux leurres auditifs, l'attraction s'explique soit par la curiosité, soit par la perspective de s'emparer d'une proie, soit pour se rassembler (instinct grégaire), soit pour venir combattre un rival dont l'animal croit entendre les cris. L'imitation des cris n'est pas à la portée de tout le monde et demande une étude poussée des cris des animaux ; des circonstances qui les leur font pousser, le tout avec une tonalité parfaitement imitée et un rythme convenable. Ces invitations sont faites soit avec la bouche et la main (geais, souris, etc...), soit avec des appeaux rustiques (bois creusé ou fendu, feuille de lierre ou de lilas, fragment d'écorce de bouleau) destiné aux carnassiers.

Pour le sens olfactif, les odeurs attractives flattent l'appétit et éveillent les perspectives d'un bon repas (viandes, graisses, poissons frais, miel, fruits, œufs, etc...), ou flattent l'instinct de reproduction, ou bien encore rappellent la présence d'un congénère.

*Les pièges en X dits " Conibear ".
Excellents pièges pour
les ragondins et rats musqués.*

XIII – POSE DU PIEGE EN X OU " CONIBEAR " A BON ESCIENT

• Un piège américain efficace

L'utilisation de ce piège, d'origine américaine, nécessite l'agrément piégeur. Le " conibear " est un piège efficace et sélectif. Le principe de cet engin consiste en deux mâchoires, dans lesquelles s'engage le rongeur. En poussant la détente centrale au passage, les mâchoires se referment sur l'animal assurant une mort quasi-instantanée.

Ce piège existe sous différentes dimensions : 13 x 13, 18 x 18 et 25 x 25 (maximum d'utilisation).

Les conditions particulières d'utilisation : dans un marais, en bordure des étangs et des cours d'eau, uniquement avec appât végétal et hors des coulées.

Ailleurs, uniquement en gueule de terrier ou dans les meules de paille pour la fouine. Pour piéger le rat musqué, le 13 x 13 convient très bien, quant au ragondin, il faut opter pour 18 x 18. Le "conibear" se tend généralement hors de l'eau, sur le côté des coulées bien marquées au sein de la végétation aquatique, avec appât végétal (morceau de carotte, de pomme, pain de maïs), ce qui évite de capturer des limicoles et des canards de surface. Il est indispensable d'amarrer l'engin à un petit piquet planté en terre, pour éviter que le rongeur l'embarque ou coule avec.

• Utilisation du livre de messe

Le piège dit " livre de messe " est un piège français à appât, destiné principalement à la capture du rat musqué. Il se place à sec, le long des berges des étangs, rivières et fossés. Il trouve sa pleine efficacité aux époques où la nourriture se fait rare. Comme appât, il est conseillé d'utiliser un morceau de pomme ou de carotte. Le déclenchement des deux mâchoires de l'engin s'effectue lorsque le rongeur tire sur la fourchette de détente où est fixé l'appât. Le piège sera tendu sur une petite " placette " bien propre, préparée au préalable.

• Identification du rat musqué par ses traces

Ce rongeur aquatique ne peut être confondu avec le ragondin de

90 cm de long et 6 à 7 kilogrammes de poids. Ses traces comprennent :

- Les huttes et les terriers. Les premières sont faciles à repérer, les seconds se décelant sous terre par une végétation jaunie au-dessus des galeries et terriers et dans l'eau par une traînée plus claire que le fond, propre et en forme de rigole entretenue par le passage des animaux qui courent dessus avant de monter en surface.
- Les places de repas aux herbes rongées et semées de débris de végétaux.
- Les montées et les descentes visibles par le manque d'herbes et par les traces de griffes et le sillage de la queue en terre molle ou en vase.
- Les joncs fauchés par plages entières avec coulées visibles dans les touffes restantes, bien entretenues. Les lentilles d'eau, où il en a, sont écartées ; des débris de végétaux flottent à proximité des coulées.
- Les fientes en forme de pilules brun verdâtre allongées, posées aux lieux d'abordage, sur une souche, une pierre ou une branche.
- L'empreinte des pattes ressemblant à celles d'oiseau d'eau avec une grosse différence de taille entre les pattes avant, beaucoup moins importantes que les pattes arrières, qui sont larges et palmées, mais toutes munies de griffes, dont quatre seulement de visibles.

Deux branchettes de sureau mort se mettent facilement sur le système de détente et le camouflage est excellent.

- Le sillage laissé par la queue dans le sable ou la vase.

Le rat musqué se piège très bien avec le piège en X, diamètre 13 x 13 cm, placé en gueule de terrier.

• Connaissance du ragondin et son piégeage

Le terrier du ragondin est creusé dans une berge à pic. Il mesure 15 à 20 cm de diamètre d'ouverture et aboutit à une chambre de 50 à 60 cm après une galerie sinueuse d'environ quatre mètres. Cette chambre est gîte ou nid, tapissé d'herbes sèche, où le couple se repose. L'entrée est en général à moitié envahie par l'eau et la galerie remontante aboutit à la chambre parfaitement sèche.

Le ragondin est un rongeur aquatique, vivant uniquement sur les bords de l'eau dont il ne s'écarte que très peu. Les bords d'étangs ou de rivières à large ceinture de joncs ou roseaux sont son domaine de choix. Il est plus nocturne et crépusculaire que diurne. De jour, s'il sort, il ne quitte guère les joncs. L'eau et l'ombre lui sont indispensables. Poursuivi à terre, il court aussi vite qu'un lapin, mais par bonds, et fonce vers l'eau où il plonge pour gagner son terrier au plus vite.

Le ragondin est un végétarien dont le menu consiste en plantes aquatiques et agricoles, maïs, blé, fruits... Il ne s'attaque pas au gibier d'eau, mais il lui enlève les couverts qui lui sont indispensables, par son faucardement, d'où abandon des étangs ou non fixation de la sauvagine. De plus, il l'effraie dans ses évolutions nocturnes.

Ses traces sont constituées par : les herbes aquatiques coupées (massettes, typhas au ras de l'eau, faux iris, joncs, phragmites) ; les joncs ou iris déracinés sur de larges plaques sont un indice de présence. Les places sur les rives où les herbes sont rongées ou écrasées pour servir de places de réunion (3 à 15 mètres) en sont un autre. Ses fientes brunâtres en forme de bananes de 3 à 5 cm de long pour 1 cm de diamètre et striées en long sont le plus souvent jetées dans l'eau. Ses empreintes sur la vase offrent des doigts libres munis d'ongles acérés et longs ; les pattes arrières présentent cinq doigts palmés.

Sa capture : Peu méfiant, le ragondin donne bien aux pièges, mais ne peut se réguler efficacement dans les grandes surfaces couvertes de végétations aquatiques, bordées de rives embroussaillées. On le piégera en gueule de terrier, à l'aide du piège en X dit " Conibear ", modèle 18 x 18 cm. On pourra également installer quelques jardinets appâtés de carottes ou de pommes. Ceux-ci seront placés près des

Pour capturer le rat musqué, le piège aux dimensions 13 cm x 13 cm est recommandé. Il peut se tendre en gueule de terrier.

Pose d'un piège en X en rive de rivière pour rat musqué.

Le V de détente centrale est dissimulé dans un tuyau fait d'un bâtonnet de sureau sec. Il sera donc invisible pour le renard.

Le piège en X est très prenant. Le V de détente inversé se doit d'être dissimulé, soit avec des fétus de paille, soit avec du sureau mort.

Pose d'un piège à appâts pour la régulation du rat musqué, il se place en rive est appâté d'une pomme ou d'un morceau de carotte.

rives. Voir également à placer quelques boîtes à fauves sur les coulées aquatiques !...

• Bien poser la nasse à rats musqués

En dehors du piège en " X " dit Conibear, diamètre 13 x 13 cm, qui se place en gueule de terrier, pour réguler les rats musqués, on peut employer également des nasses, genre nasses à poisson, mais avec goulet de dix centimètres de diamètre. Ces nasses sont tendues dans les coulées faites dans les joncs ou herbes aquatiques, par les rats musqués, mais il est indispensable que le goulet soit sous l'eau, d'une part, et que le haut de la nasse sorte de l'eau de 10 centimètres. Le rat musqué, se heurtant au haut de la nasse, plonge et rentre automatiquement dans le goulot.

• Tendue du piège " X " ou Conibear pour rats musqués

Le piège en " X ", diamètre 13 x 13 cm, est le mieux adapté pour le piégeage du rat musqué ; il se tend principalement en gueule de terrier immergée.

Comment y arriver : c'est simple, piéger aux descentes où vous aurez 10 centimètres de profondeur d'eau. Aménager au besoin ces descentes ; si l'eau est trop profonde, édifier une petite plate-forme. Ensuite, adaptez un pieu d'attache auquel vous attachez la chaînette d'amarrage du piège qui amène le rongeur à se noyer rapidement !... Il existe, à la vente, dans les établissements spécialisés, des supports de pièges Conibear, 13 x 13 cm. Ces supports permettent de positionner correctement le piège en gueule de terrier le long des berges d'étangs ou de rivières.

XIV – PIEGER PAR ATTIRANCE VISUELLE

• Piège à œuf : règles d'utilisation

L'anneau porte œuf et tout le système de détente en cuivre, doivent être absolument impeccables et fonctionner sans hésitation, sous peine de ratés désagréables. La fermeture de l'engin est obtenue par l'enlèvement de l'appât par la fouine ou tout autre animal convoité. Rappel : l'arrêté du 26 juin 1996 spécifie, que le piège à œuf peut être uniquement appâté d'un œuf naturel ou artificiel.

D'autre part, si le piège n'est pas placé dans une enceinte, il doit être neutralisé la journée.

Pose d'un piège à œuf en faux-nid, au pied d'une haie de plaine.

• Invisibilité du piège en X

Le piège en X ou " Conibear " s'affirme comme un engin très efficace pour la régulation des mustélidés, fouines, martres, putois, logés dans les meules de paille ou dans les hangars, où sont stockés les ballots de paille. Entre chaque ballot, il est aisé de relever la présence d'une fouine par son passage répété au même endroit. L'ossature du piège " Conibear " est alors facile à dissimuler dans la

*Grand piège en X placé en gueule de terrier de renard.
Le pourtour du piège sera soigneusement dissimulé.*

paille, hormis la fourchette de détente (en V renversé) située en son centre, qui se trouve automatiquement à nu, donc visible.

Pour déjouer cet obstacle, il faut prendre un fétu de paille de la longueur de la fourchette et glisser chaque élément à l'intérieur. Le piège et son système de détente seront alors parfaitement camouflés.

• La boîte tombante : un piège avantageux

De fabrication artisanale, la boîte tombante est peu coûteuse et classée en première catégorie. Pour s'en servir, il n'est donc pas obligatoire d'être titulaire d'un agrément de piégeur.

Bien qu'elles soient utilisables en tout lieu, le piégeur a vraiment intérêt à installer les boîtes tombantes en bordure des allées forestières, afin de pouvoir les contrôler chaque matin, sans descendre de son véhicule.

Pour mettre en place une boîte tombante, il suffit de recouvrir le socle en bois de feuilles mortes, d'aiguilles de pins ou de plaques de mousse ramassées en sous-bois.

L'appât sera déposé au centre du socle et attaché sur la palette de détente.

L'avantage avec la boîte tombante, c'est que l'on prend tout : fouines, putois, martres, rats musqués, ragondins, pies bavardes, corneilles noires et même renards, ce piège étant universel. On peut utiliser une grande variété d'appâts : tripailles de lapins et de volailles, sardines fraîches, têtes de harengs, poissons fumés, œufs, fruits forestiers et même du miel dont les martres et les fouines sont friandes. Lorsque le prédateur tentera de saisir l'appât, le couvercle de la boîte tombante se rabattra brusquement, l'emprisonnant. Pour éviter que l'animal ne tire l'appât sur le côté, sans s'engager sous le couvercle, il suffit de piquer dans le sol quelques branchages de feuillus ou d'épineux qui l'obligeront à accéder à la boîte par l'avant.

• Utilisation du collet

Le collet à arrêtoir semble le mode de piégeage le plus adapté pour capturer le renard. Pour plus d'efficacité, le collet doit être terne et ne dégager aucune odeur suspecte. C'est pourquoi, six mois avant leur utilisation, il vous faudra suspendre vos collets à l'extérieur. Ce vieillissement naturel dû aux intempéries est sans aucun doute la

Pose d'un collet à arrêtoir en gueule d'un terrier de renard

meilleure solution. Toutefois, si vous devez utiliser des collets récemment fabriqués, faites-les bouillir dans de l'eau additionnée de cendres de bois, afin de les rendre plus facilement opérationnels.

• Le collet en raie de labour

Le collet à arrêtoir est très efficace lorsqu'il est placé en raie de charrue, en plaine découverte.

Le renard a pour habitude, la nuit, de passer dans le dernier sillon de labour laissé ouvert par l'agriculteur en fin de journée, afin d'y rechercher des mulots dont il est particulièrement friand. Il chemine de ce fait, tête baissée. Le collet à arrêtoir sera ainsi placé au milieu de la raie de labour grâce à deux branchettes, fendues à leur extrémité, dans lesquelles on pincera le câble. Ce dernier restera en position tendue, même s'il est bousculé lors du passage d'un chevreuil. Un camouflage succinct du collet n'est pas nécessaire. Le bas dudit collet doit impérativement se situer entre 18 et 22 centimètres du sol et être muni, du côté de l'attache, d'un émerillon, loi oblige.

• Repérage d'une nichée de fouines

Si vous soupçonnez la présence d'une nichée de fouines, dans un grenier à fourrage, et que vous désirez la capturer, il vous faut procéder ainsi : dès la mi-avril, rendez-vous de bon matin sous le grenier en question, sans bruit et en vous abstenant de fumer. Pendant une vingtaine de minutes, demeurez parfaitement immobile et l'oreille tendue. Recommencez l'opération le soir, vers 21 heures, durant le même laps de temps. Si le grenier est habité par une portée de fouines, vous ne resterez pas trois jours avant d'avoir perçu de petits couinements. Dès lors, il ne vous restera plus qu'à localiser au son l'emplacement exact de la nichée.

• Bien poser la belettière

La palette, dans sa position d'attente, forme un plan incliné vers le haut, tout en ménageant un léger jour entre elle et le haut de la boîte. Pour éviter cette rampe, que présente l'intérieur de la boîte tendue, l'on enterrera légèrement l'arrière de celle-ci en ayant soin de ménager du jour pour donner à l'animal l'impression d'une sortie assurée. Une motte de gazon placée de chaque côté de l'entrée, une autre sur le dessus, une brassée d'herbes ou de feuilles sur le tout, pour dissimuler le piège aux yeux indiscrets des promeneurs, la palette en bonne position, voilà notre belettière correctement

Belettière posée en tas de bois. Les belettes aiment visiter les tas de bois et de fagots.

tendue. Aucun appât, mais une coulée fortement marquée conduisant à l'entrée de la trappe, qui est basée sur l'attirance qu'exercent sur les mustélidés, tous tuyaux ou trous d'un accès facile.

• Un bon truc

Dans le but de rendre, plus vite, prenante des belettières neuves, il est bon, avant de les tendre, de les enterrer pendant quelques jours dans du fumier de lapin qui annihilera le goût du neuf et leur donnera une certaine patine propice aux promptes prises.

• Belettières à l'essence de jusquiame

Quand on place les boîtes à belettes au printemps, après les avoir remisées l'hiver en un lieu clos, il est conseillé de mettre une goutte d'essence de jusquiame (plante que l'on trouve dans les décombres, de la famille des solanacées, à feuilles visqueuses et à fleurs jaunâtres rayées de pourpre, très toxique), sur les palettes pour faire perdre l'odeur qu'elles peuvent avoir prise à l'intérieur.

Pour les pièges métalliques, il est conseillé de les frotter avec un poireau dont le suc visqueux et aromatique annihile les autres odeurs.

• Le revoir au ponceau

Sur la traverse de chemin de fer réformée, installée en guise de pont sur un cours d'eau, saupoudrer avec une passoire fine, une très légère couche de cendre de bois ; cela vous donnera un excellent revoir qui vous permettra de contrôler le passage des animaux et de savoir à quelles espèces ils appartiennent.

• Distinction de la corneille noire

Elle a toujours la base du bec garnie de plumes. On les voit toute l'année par deux. Elle niche isolément et pille les nids des autres oiseaux, les petits poussins, les canetons. Au printemps, le meilleur moyen de s'en débarrasser et de suivre la construction des nids et de les rechercher avant qu'ils soient cachés par les feuilles ; on tue la couveuse à l'envol du nid.

• Savoir juger de l'âge approximatif des renardeaux au terrier

Il est facile, par l'inspection des alentours d'un terrier, de juger de l'âge approximatif des renardeaux qui s'y élèvent.

Au début, et pendant environ trois semaines, le lait de la mère est la seule nourriture des jeunes, mais dès leur quinzième jour, la renarde commencera à introduire dans le terrier les proies qui, plus tard, copieusement faisandées, feront la base de l'alimentation des renardeaux. L'inspection des gueules de terrier vous décèle ces apports, par la trace des traînées, quelques poils ou quelques plumes laissés à l'orifice.

Dès la troisième semaine les jeunes sont nourris par régurgitation de la mère qui, dans le but de rendre la nourriture d'une digestion facile, l'absorbe d'abord elle-même et va la rendre, à moitié digérée à portée de ses petits. Mais il arrive alors fréquemment que l'estomac surchargé de la nourrice, rejette à l'entrée du terrier, par suite de la position qu'elle est obligée de prendre pour s'y introduire, une partie de son contenu ; de là ces " réjections " que l'on voit parfois à l'entrée des trous.

Vers la fin du premier mois, c'est la consommation des vivres entassées dans le terrier. La présence de grosses mouches verdâtres, pénétrant dans ledit terrier ou en sortant, est une indication certaine.

A six semaines, on peut voir, à l'entrée des gueules, des provisions qui y sont déposées ; proies de petite taille : mulots, taupes, grenouilles, lapereaux, levrauts. C'est que la renarde, dans l'intention de faire connaître, à ses petits, la vie extérieure, les oblige ainsi à venir au dehors assouvir leur appétit.

Le terrier de renard est habité d'une portée de renardeaux. Des ailes, carcasses et peaux indiquent que les renardeaux commencent à sortir du terrier pour se restaurer.

Bientôt les voilà grands, ils profitent du soleil de midi pour venir s'ébattre sur le terrier : les griffures aux écorces tendres des arbres environnants et les couches arrondies (dénommées " roulettes ") dans les herbes sont un indice de prochain abandon du terrier.

• Appâts d'été : danger !...

Les asticots, qui se forment l'été sur les appâts placés au jardinet, attirent souvent les faisans aux pièges. Pour éviter que ces derniers ne se fassent prendre accidentellement, il faut ficher en terre, devant l'appât quelques plumes de poules de ferme... C'est radical, les faisans seront effrayés.

• Dissimulation parfaite du piège à œuf

Le piège à œuf se maintient tendu par le poids d'un œuf (50 à 60 grammes), placé sur un anneau entre les deux mâchoires de l'engin. Ce piège se détend lorsqu'un animal fait basculer l'amorce, dont seule la pesanteur maintenait les deux branches ouvertes. C'est un engin pratique et qui demande que peu de connaissances en matière de piégeage, pour rendre des services efficaces.

A savoir : Les matériaux de recouvrement, mal distribués sur le piège ou bien trop lourds, empêchent le déclenchement ou en retardent l'exécution.

Recommandations : Les matériaux de recouvrement se doivent d'être légers, bien répartis et composés de choses fines et peu longues : herbes, mousses ou feuilles, finement coupées, de façon à ce que ces matériaux, s'échappant facilement des branches, n'entravent pas, par leur poids, la vitesse de fermeture des mâchoires.

• L'emploi des œufs en piégeage

Si l'œuf constitue un attrait de premier ordre pour beaucoup de nuisibles mammifères ou ailés, sa taille joue un grand rôle dans les résultats obtenus. La fraîcheur de l'œuf n'influe en rien sur les résultats. On peut classer les œufs en trois tailles. La plus grosse sera l'œuf de poule de ferme, la moyenne sera l'œuf de poule naine et la plus petite l'œuf de moineau. (Généralement c'est la classe moyenne qui aura le plus d'amateurs parmi les nuisibles). Bien entendu, quand je parle de l'œuf de poule naine, de poule ou de moineau, c'est principalement pour fixer une taille, et, si nous prenons, par exemple, l'œuf de poule naine, on peut admettre tous les œufs d'oiseaux dont la taille est similaire à celle de la poule naine : corneille, pie, perdrix, faisan, etc..., avec une petite remarque cependant : on aura toujours intérêt à employer des œufs à coquille blanche, plus visibles de loin, donc plus attractifs pour les prédateurs.

Quant à la question fraîcheur, elle ne joue aucun rôle dans la préhension (action de saisir) de ces appâts par un nuisible. Un œuf couvé (œuf clair ou poussin mort dans l'œuf), un œuf pourri, jouera exactement le même rôle qu'un œuf frais ou dur.

Si ces œufs donnent entière satisfaction aux nuisibles, il n'en est pas de même pour les œufs artificiels (plâtre, porcelaine). Avec un œuf en plâtre, on ne trompera pas une corneille noire, pas plus qu'un œuf en porcelaine on ne trompera un renard.

Deux genres de pièges différents s'offrent à nous pour l'emploi des œufs :

- le piège à appât, du type piège à œuf (diamètre 25 ou 30 cm) pour les mustélidés
- le piège Belisle ou le piège Albert (Ces pièges sont des pièges à palette munis d'un lacet) pour le renard.

Le piège à œuf :

Le piège à œuf opère la fermeture de ses mâchoires au moment où on enlève l'œuf servant d'appât du support sur lequel il repose, donc par déséquilibre de la détente. Or le poids moyen d'un œuf de poule de ferme est de 60 grammes, et ces pièges sont réglés pour ce poids, ce qui interdit l'emploi d'œufs de taille inférieure à celle de l'œuf de poule, à moins de lester le porte-appât en conséquence, ce qui n'améliore pas la vitesse de fermeture. Donc, il est vivement conseillé de se servir de gros œufs.

Rappel : La fermeture d'un piège à œuf demande au piégeur beaucoup de précautions dans la couverture de l'engin. Cette couverture doit être très légère pour ne gêner en rien la rapidité de fermeture.

Presque tous les mammifères, qui sont susceptibles d'être capturés par ce piège, tâtent l'appât de la patte à la manière du chat qui joue avec une pelote de laine avant de se décider à la prendre en gueule (de là, l'utilité de fixer l'œuf au porte-appât avec un jeu de 3 à 4 cm maximum).

• Le jardinet d'été

En Juin, le jardinet sera édifié en terrain découvert, sur les friches solitaires, près des abreuvoirs, des sources fréquentées à l'aube par les carnassiers. Le jardinet d'été ne diffère en rien de celui utilisé l'hiver dans le bois : c'est une barrière sommaire faite de rameaux sans feuille, piqués en terre suivant le schéma d'un fer à cheval dont l'entrée est gardée par un piège du type " Belisle ". Comme en saison chaude, une amorce de chair serait vite gâtée et envahie de mouches à viande, comme d'autre part, c'est surtout la vue qui dirige les recherches des nuisibles, en cette saison, rien de mieux qu'une poignée de plumes de volailles sur laquelle on pose un œuf.

XV – PUTOIS, FOUINES ET MARTRES : COMMENT LES PIEGER ET LES CHASSER ?...

• La martre : mustélidé sylvestre à piéger sous les arbustes à baies

La martre a la gorge jaune au lieu d'être blanche comme il est d'usage chez la fouine. Au moral, la martre est très différente de sa cousine : elle s'effraie peu du bruit et de la présence de l'homme, gronde dans son trou d'arbre si l'on vient à y fouiller. L'été, par beau soleil, elle s'approprie le nid de l'écureuil et s'y couche en rond : à part la saison du rut, elle voyage peu, faisant chaque nuit des visites régulières aux points où elle sait trouver à manger. Elle raffole de fruits et de baies : myrtilles, mûres, nèfles, merises ; elle donne très bien au piège appâté d'œufs et de miel.

• Piégeage des martres et fouines au rucher

Martres et fouines sont deux mustélidés friands de miel : on se sert de ce petit défaut pour les piéger à l'aide d'une vieille ruche appâtée de miel, équipé d'un piège en X. L'emploi de fruits secs, roulés dans du miel, constitue également un bon appât pour ces mustélidés et même pour le renard.

• Les mustélidés au tas de fagot aménagé

Ce procédé offre des avantages incontestables pour la régulation des mustélidés qui sont les visiteurs assidus des tas de bois et de fagots. Les dispositifs sont nombreux : le but recherché est d'attirer les souris dans le tas de bois par un appâtage régulier de grains.

En principe, on dispose deux lits de fagots perpendiculaires, puis sur le deuxième, une couche de foin ou d'herbe assez épaisse. Le troisième lit de fagots n'est alors qu'un simple cadre vide de fagots en dedans et entourant le lit d'herbe ou de foin dans lequel on place ses pièges (belettières, putoisières, boîtes à fauves).

Il est conseillé d'opérer de la façon suivante :

- Pour belettes : au premier lit de fagots, on place quatre belettières, une à chaque coin dans le sens des fagots et en dedans : ces boîtes à même la terre. Ce premier lit de fagots n'est qu'un cadre que l'on comble de balles d'avoine, d'herbes ou de foin et que l'on

Les tas de bois sont régulièrement visités par les mustélidés.
Un bon endroit pour les piégeurs !...

appâte régulièrement, grâce à un espace vide aménagé au centre du fagotier en le montant. Les boîtes peuvent être retirées sans avoir à démolir le tas.

- Pour fouines : au premier lit de fagots, on aménage un vide de dix centimètres entre deux fagots au centre de la largeur, et on continue à monter les lits de fagots en les croisant, mais tout en aménageant un genre d'escalier faisant suite au vide du premier lit et conduisant au troisième lit où se trouve un réduit aménagé, comme décrit ci-dessus et appâté, soit de grains (blé, avoine) ou de fruits sauvages. Deux lits de fagots par-dessus, en tout cinq lits croisés. La méthode rend particulièrement bien au printemps, à l'automne et en hiver, car, à cette époque, la fouine, quoiqu'habitante des granges, ne manque jamais de visiter les tas de fagots, surtout lorsqu'elle y a capturé une fois une proie.

• La fouine au faux-nid

La fouine se piège très bien au grenier, en faux nid, en appâtant avec un œuf frais... Pour cela, on dispose dans un coin un nid de poule factice et on sème alentour quelques plumes, des crottes fraîches de volaille, puis on pose dans le nid un œuf du jour qu'on évite de toucher avec les doigts ; qu'on le prenne avec une pincette de bois ou un morceau de papier, l'essentiel est d'éviter que les doigts y laissent une trace que le nez de la fouine saurait bien démêler.

Lorsque l'œuf est pris, on le remplace, puis au troisième on tend dans le nid, soigneusement, sans rien déranger un piège spécial dit à " œuf ".

• La chasse à la fouine avec le Jack-Russell-Terrier

La chasse de la fouine de jour, c'est la chasse dans les greniers, dans les granges, dans les hangars remplis de ballots de paille entassés ; c'est, pourrait-on dire, un mélange de chasse sous-terre et de chasse à courre, dans un espace restreint qui permet d'en suivre toutes les péripéties et tous les incidents. Les chiens doivent aller relancer la bête des nids douillets qu'elle s'est aménagée dans la paille et le foin, et de l'en déloger.

La fouine accède à ce nid par des coulées creusées ou plutôt foulées, par les fréquents passages de l'animal ; ils le sont rarement dans la pleine masse des récoltes, mais généralement, pour ne pas dire toujours entre l'amoncellement des matières entassées et le mur

Le jack-russell-terrier, de par sa petite taille, se faufile aisément dans les terriers de renards.

du bâtiment. Pour ce travail, il faut un chien de petite taille, pouvant se glisser dans le tunnel, jusqu'au "gîte" de la bête de chasse. Mais à l'exiguïté de la taille, il faut qu'il joigne l'amour de la chasse, l'entreprise, l'adresse et la légèreté, car avant de sauter dehors, à portée du fusil qui guette sa fuite, l'animal se fera battre dans le bâtiment, sautant de tas en tas, cheminant sur les poutres, allant jusqu'à excursionner sur les toits. Il faut que toujours et partout, le chien la suive et la harcèle pour l'obliger à quitter les lieux.

Le Jack-Russell-Terrier est le chien recommandé ; il est petit, mordant, leste ; c'est l'auxiliaire tout indiqué pour le " fouineur ".

• Régulation de la fouine au fusil

Le refuge de la fouine au bois peut se trouver dans un nid de gros oiseau (corneille noire) ou d'un écureuil ou encore dans le tronc creux d'un arbre, dans un tas de fagots, dans un hangar agricole où est stockée de la paille. Mais que ce soit dans n'importe lequel de ces lieux, la méthode de régulation sera toujours la même : obliger la bête à se démasquer pour pouvoir la tirer. En fait, c'est une chasse, et ce genre de chasse demande la collaboration de deux hommes : un tireur et un " débusqueur ".

Pour vous assurer de la présence d'une fouine ou d'une martre dans un nid où vous savez qu'elle habite, vous vous placez de façon à bien voir ce qui se passera dans le refuge quand votre aide placé au pied de l'arbre qui supporte le nid, aura frappé durement au pied de celui-ci. Le premier mouvement de la bête est de se rendre compte de la cause de ce trouble à sa quiétude ; elle allonge la tête, remue la queue qui souvent déborde momentanément et sort à mi-corps du nid. Un coup de fusil la jettera bas.

Si vous frappez sur un arbre creux qui sert de gîte à une fouine, là encore elle allongera son corps mais, si peu de temps que le tireur devra se hâter de profiter de ce cours moment.

Quand dans un tas de bois, vous avez reconnu la fréquentation d'une fouine, cherchez bien par où elle pénètre à l'intérieur, car en cas d'alarme, c'est par là qu'elle sortira. Ce passage est à l'une des extrémités du tas, jamais ou très rarement sur un des côtés.

La fréquentation est marquée par des traces de boue, laissées par les pieds, quelques poils accrochés aux brindilles et des plumes détachées de la proie apportée dans le gîte. C'est l'endroit idéal pour tendre un piège en X (conibear). Le modèle 18 cm x 18 cm convient très bien pour la fouine et sa cousine la martre.

On peut aussi utiliser une grande tringle de fer que l'on introduit dans le tas et que l'on remue. Cela s'appelle " hocher la fouine ". Il faut commencer à " hocher " au bout opposé à la sortie et se rapprocher insensiblement de l'autre extrémité. La fouine ne peut supporter l'agacement de ce système et saute hors de son repaire, sous le fusil qui l'attend.

• Le revoir à fouine

Les fouines fréquentent les crêtes des murs. Si des marques bien définies vous ont mis la " puce à l'oreille " (ces traces sont celles laissées par l'escalade de l'animal), des stigmates de griffes dans le mortier et sur les pierres tendres, principalement à l'angle extérieur d'une encoignure, vous êtes fixé sur la présence d'une fouine. Mais si rien n'a pu vous faire présumer la fréquentation de la bête, vous pouvez vous en assurer en faisant des revoirs sur le haut du mur.

Etudiez le faîtage du mur et suivant sa composition, vous agirez différemment. Sur les vieux murs, à crête dégradée comme vous en trouvez souvent, vous chercherez les endroits où les pierres tombées forment des différences de niveau et vous comblerez ces excavations par de la terre bien meuble.

Si le mur est neuf, recouvert d'un parement de pierres jointées, de tuiles, ou de ciment, profitez d'un temps sec et saupoudrez d'une légère, très légère couche de cendres (pour cela, il faut utiliser une passoire à trous très fins).

Le lendemain, vous trouverez la trace de fouine imprégnée dans la terre ou bien très nettement dessinée sur la couche de cendres par les pieds, humides de la rosée de la nuit.

• Présence de la fouine : constat

La fouine a une manière particulière de tuer ses victimes : c'est le coup de dent à la nuque ou sous la gorge. Si elle mange le crâne ou l'estomac de ses victimes c'est qu'elle n'a pu les enlever parce que les issues sont trop étroites. La fouine est très friande d'œufs et sait les faire disparaître sans laisser de traces. La fouine pénétrant dans un poulailler semble ivre de carnage et massacre tous les habitants non pas par besoin, mais par dilettantisme ou sadisme, comme on voudra. Repue de sang, elle n'enlève parfois aucune pièce, même si la chose est possible.

Elle épargnera la couveuse accroupie sur le nid et lui enlèvera ses œufs, l'un après l'autre. Elle les consomme loin de l'endroit où elle

Prédation de fouine sur pigeon, la poitrine est entamée

les a soustraits, en les emportant sous sa gorge, sans entamer l'écaille.

• Le putois : constat

Il tranche la tête des volailles quand aucune issue ne lui permet d'emporter son larcin. Quelquefois, il s'en prend à tout le poulailler et après avoir sectionné la tête de chaque oiseau, emporte ces têtes et va les cacher dans son trou.

Pendant la nuit, il paraît affûter avec succès les lapins qui pâturent en bordure du bois. Il leur mange la nuque, quelquefois vide le crâne de sa cervelle et les laisse sur place. Il aime aussi les œufs, mais les prend en gueule, y imprimant quatre trous correspondants à ses canines.

• La fouine au furet

La fouine affectionne, pour se remiser, les tas de bois ou de fagots, les amas de grosses pierres, les décombres, les vieux arbres, têtards, terriers de lapins.

La découverte d'un de ses gîtes est instructive sur sa prédation : plumes de passereaux, pinsons, grives, moineaux gris y voisinent avec

des os de lapereaux, levrauts, pattes de perdrix et de faisans. Si on remarque de pareils reliefs près d'un tas de bois, il ne faut pas hésiter à s'armer d'un fusil et à y mettre un furet. La fouine, en effet, décampe devant le furet. Au terrier, la fouine tarde mais finit toujours par sortir d'un bond au travers des ronces et baliveaux.

• La mèche soufrée pour la capture du putois

Quand on a la certitude de la présence d'un putois dans un terrier, on peut escompter sa prise à coup sûr. On bouche tous les trous en frappant fortement du pied une motte gazonnée introduite dans chacun d'eux, sauf la gueule la plus fréquentée, où l'on tend une boîte grillagée. Dans les principales gueules de terrier, avant bouchage, on place une mèche soufrée allumée à chacune de ses extrémités. Les mèches ne doivent pas être mises en contact avec la terre, mais insérées par leur milieu dans des fentes de petits piquets fichés dans la manche du terrier. Le soufre, en brûlant, dégage une odeur et un picotement désagréable aux narines du putois ; celui-ci ne tarde pas à sortir et à se faire prendre dans la boîte à fauves.

• La meilleure époque pour piéger la fouine

Tous les animaux nuisibles ont une époque à laquelle ils sont d'humeur plus vagabonde et par conséquent moins méfiants. En ce qui concerne la fouine, ses plus grands parcours s'effectuent en février, au moment des amours : vous aurez, en cette saison, beaucoup plus de chances de la capturer : ne négligez jamais ces vieux " chemins de terre " encaissés dans de profondes ornières, leur sol humide vous décèlera plus d'une fois le passage de l'animal que vous recherchez !...

• L'œuf : un très bon appât pour les mustélidés

Dès qu'on reconnaît la présence d'une fouine ou d'un putois, il faut les piéger !... Mais ces mustélidés ne marchent pas seulement à terre, ils grimpent sur les arbres, les faîtes des murs et suivent les pièces de charpente dans les granges et les greniers à fourrage. Il y a nul danger et toutes sortes d'avantages à leur servir quelques œufs que l'on place sur des pièges tendus en faux-nids, dans les endroits où les animaux domestiques ne peuvent atteindre. On doit opérer de même quand la présence d'une martre ou d'un putois est relevée dans une haie ou au bois. C'est souvent leurs déprédations qui signalent leur présence. Une autre indication qu'il ne faut pas négliger, ce sont les " laissées ". Celles de la fouine, ont une fausse odeur de musc assez prononcée.

• Putois : ne jamais piéger aux abords directs d'un terrier

Que vous piégez le putois au piège à œuf ou à tout autre piège appâté, sachez qu'il ne vaut rien de piéger aux abords immédiats d'un terrier ; un animal étant toujours plus méfiant près de son refuge. Cherchez ses voies habituelles que vous reconnaîtrez aux " volcelests " imprimés dans la boue, aux laissées (fientes) souvent plates, noires et feutrées de poils et, parfois, aussi à ses reliefs (le reste de ses repas), une grosse proie : un faisan par exemple, dont il mange la tête et le cou, et piégez en bordure de son parcours à cinquante centimètres ou un mètre de sa voie (jardinet naturel).

• Piégeage du putois au terrier

Le putois est souvent dans les granges, vieux tas de bois en pile, paille, foin, et surtout dans un terrier de lapin au bois ou dans un talus, terrier où il a dévoré l'occupant. Nuisible spécialement pour le lapin dont il visite tous les terriers, il l'est également, mais en moindre proportion, pour le gibier à plume.

Dans les poulaillers et clapiers où il pénètre, il se livre souvent à des hécatombes sanglantes, signant son méfait par la décapitation de ses victimes. Lors d'un déterrage d'un putois mâle en un terrier de lapins peu profond, j'ai personnellement sorti onze lapins de garenne adultes, tous saignés à la gorge.

Peu méfiant, il se prend relativement très facilement car il donne à tous les pièges.

Les terriers à mi-pente, dans les talus boisés, sont ses parcours favoris. Curieux, comme tous les mustélidés de sa famille, tout terrier dont l'entrée est grattée de frais exerce sur lui une attraction puissante. Le piégeur met cette attraction à contribution en lui tendant un piège dit " tube à lapins " en grillage, qui se place en gueule de terrier.

• L'essence d'anis pour la fouine

La fouine est très rusée et il faut mettre beaucoup d'adresse pour la capturer. Quel que soit le piège que l'on emploie, il faut le laisser longtemps en place tendu, mais au cran de sûreté, afin que la fouine s'accoutume à le voir et à ne pas s'en effrayer. Un des meilleurs pièges pour la fouine est le piège à œuf. Ce piège se tend et s'amorce avec un œuf que l'on fixe sur l'anneau porte-œuf. Ce piège

Putois piégé dans un goulot grillagé placé en gueule de terrier.

Cette fouine a fait les frais d'un piège à œuf.

peut se placer au pied d'une haie en faux nid, dans une grange, un grenier, etc... La fouine ayant un odorat très fin, il faut ne manier ce piège qu'avec des gants légèrement imprégnés d'essence d'anis. Pour ne pas exciter la défiance de la fouine, on place d'abord à l'endroit choisi, c'est-à-dire sur son passage ou aux endroits que l'on sait qu'elle fréquente, un œuf sain et frais.

Quand on s'est assuré que l'œuf a été goûté ou enlevé, on tend le piège. Il faut avoir soin d'imprégner légèrement l'œuf d'essence d'anis qui a la propriété de masquer l'odeur de l'homme qui l'a touché mais aussi, et surtout, d'attirer le mustélidé.

• Martre ou fouine ?...

Ces deux mustélidés de taille et de forme voisines sont souvent confondus du fait du petit nombre de caractères extérieurs appartenant spécifiquement à chaque espèce.

Ni la taille, ni le poids ne peuvent servir de critères sérieux pour différencier les deux animaux. Reste le pelage, qui lui aussi peut subir des variations de tonalité dues à l'âge, au sexe, à la saison et à l'habitat. On admet en général les caractères suivants !

Martre : La fourrure est brun châtain à reflets roux dans son ensemble. Le duvet ou bourre est abondant, serré, très fin et de couleur jaunâtre. Sur la gorge, on remarque une tâche aux contours plus ou moins réguliers de forme arrondie et de couleur orangée chez les jeunes sujets, jaune plus clair chez les vieux animaux. La sole plantaire est très velue marquant les doigts dans une empreinte prise en bon revoir.

Fouine : La fourrure est brune à reflets bleutés dans son ensemble, elle est également, en certaines régions, café brûlé. La bourre blanchâtre est soyeuse, fourrée et épaisse. La tâche de la gorge est blanche, plus importante en surface que celle de la martre, partant parfois de l'angle externe des mâchoires couvrant la gorge, et finissant en deux branches descendant sur les avant-bras. La sole plantaire est nue.

XVI – CONNAISSANCE DES MŒURS DES PREDATEURS ET DIVERSES PETITES ASTUCES POUR LE CHASSEUR-PIEGEUR

• Savoir décantonner un blaireau

Il arrive quelquefois que les blaireaux occupent de très grands terriers où il est pratiquement impossible de les déterrer !... Il faut alors les faire décantonner de ces grands terriers pour qu'ils se réfugient dans des plus petits. Il faut donc procéder ainsi : on projette dans les gueules du grand terrier, du " crésyl ", qui est un liquide à odeurs pénétrantes, désinfectant, extrait des goudrons de houille !... Le résultat ne se fait pas attendre ; dès la nuit suivante, les blaireaux auront quitté le terrier pour en occuper un autre situé généralement aux alentours.

• Piégeage des rats gris à la nasse savamment appâtée

Le rat gris dit " surmulot " est un fléau. Le détruire n'est donc pas seulement utile mais nécessaire !... Le meilleur piège : les nasses !...

Comme connaissances utiles sur ces rongeurs et à exploiter dans le piégeage, se rappeler que les rats, dès qu'ils sortent de leurs trous, longent toujours les murs ; que, lorsqu'ils grimpent dans un grenier, c'est aux angles que s'effectue l'ascension. Les rampes d'escaliers sont souvent leur parcours favori. Ne pas oublier que les rats aiment l'ombre. En utilisant la nasse, ne pas s'attendre, quand l'engin est neuf, à une capture immédiate ; la meilleure façon de procéder est de la placer dans le coin le plus sombre de la pièce fréquentée : cellier, cave, grenier, poulailler, écurie, etc... de l'appâter intérieurement, soit de fèves, pommes de terre, têtes de maïs, croûtes de gruyère, viande crue, saindoux, céréales, lard grillé, etc...

Certains " vieux " piégeurs préconisent l'odeur du rhum comme attirante !... Essayez-le et vous verrez que l'odeur leur sera agréable. L'engin étant appâté, le placer parallèlement à un mur et appuyé contre ce mur, bien d'aplomb. Recouvrez alors l'engin appâté d'un tas de copeaux, de paille, de vieux chiffons : c'est là une des conditions de réussite. Il faut que la nasse ait l'air d'avoir été oubliée sous un monceau de détritus ; soyez assurés que les rats se chargeront d'en trouver l'entrée. Ceci fait, armez-vous de patience et surtout ne visitez pas la pièce à tout bout de champ. Les captures seront plus nombreuses par nuit sombre et pluvieuse, surtout au moment des jeunes (le rat gris ou surmulot fait, de trois à quatre portées, par an).

• Utilisation du piège à pincette pour réguler les taupes

La taupe est nuisible de par ses " taupinières " qui détruisent l'harmonie des jardins et bouleverse les semis de cultures à gibier. Il est possible de capturer la taupe à l'affût !...

La taupe remue la terre quatre fois par jour : à l'aube, de 9 à 10 heures, de 14 à 15 heures et au crépuscule. L'affût consiste donc à être sur place aux heures indiquées, armé d'une bêche. Dès qu'on voit la taupe soulever la terre, il s'agit d'approcher sans bruit et d'un coup de bêche de faire sauter l'animal en l'air !...

Le piège à pincette est le plus pratique !... Cependant, il y a deux points importants à s'assurer : la qualité du ressort et la forme du volet percé jouant le rôle de détente.

Un mauvais ressort est rendu inutilisable après quinze jours à un mois de service. Un volet dont le trou est trop petit risque d'être éventé par la taupe ; il est préférable d'avoir affaire à un volet, qui permette à l'animal d'engager sa tête sans difficulté et sans que les poils tactiles (poils placés au museau) entrent en contact avec le fer du volet. Quant à la question des odeurs pour piège, il faut se contenter de frotter piège et volet avec une plante du terrain sur lequel on opère.

Une des habitudes (la plus importante pour le piégeur) de la taupe consiste à réparer les dégâts causés à ses galeries. On profitera donc de ceci pour tendre les pièges. Ayant découvert la place présumée bonne, on met la galerie à jour sur 7 à 8 centimètres au plus, ce qui se fait rarement sans de légers éboulements de terre. On profitera de cette terre éboulée pour la placer devant le volet (sans pour cela qu'elle gêne la fermeture des pinces) du côté d'où doit venir la taupe ; on peut, si l'on veut, mettre deux pièges dos à dos, gardant les deux sens du parcours. Puis on reconstruira une voûte de fortune à la galerie, avec une pierre et un peu de mousse ou de feuilles.

La taupe, au cours de ses promenades, butant dans la terre placée devant le volet, foncera pour réparer sa galerie et viendra abattre le volet déclenchant le piège.

Rappel : le volet ne sera pas placé trop près de l'extrémité des pinces, mais à mi-hauteur de celles-ci. Un piège qui n'aura rien pris en 48 heures est bon à retirer.

• Comment, à l'affût, garder les mains chaudes ?

A l'attente au marais ou au bois, l'hiver où les températures sont en général très basses, on se gèle les mains sur le fusil ou la carabine. Avec des gants qui laissent passer l'index, le tir n'est guère facile et la précision s'en ressent. Le mieux : des moufles de peau de mouton attachées l'une à l'autre par un cordon, passant autour du cou. A la vue du gibier, les mains sortent rapidement de la chaleur des moufles, totalement disponibles, pour une prise de l'arme rapide et un tir correct. Les mains se réchauffent ensuite très vite dans la douce chaleur de la laine.

• Un sentier de ronde et de piégeage, silencieux

Le percement d'un sentier de ronde nécessite un simple élagage des branches ou des plantes parasites pouvant gêner la progression du garde dans le sous-bois. Le sentier doit être soigneusement entretenu et débarrassé de toutes branches mortes, brindilles, feuilles tombées sur le sol. Les feuilles sont supportables car plutôt silencieuses par pluie ou grande humidité, mais infranchissables car craquantes à souhait et faisant le vide autour de soi par temps sec et sol gelé.

Le sentier de piégeage en sous-bois sera tenu propre des herbes, feuilles et branches. C'est ainsi que les mustélidés l'emprunteront et se feront capturer dans les boîtes à fauves tendues sur le parcours.

• L'enfumage des terriers

L'asphyxie par l'enfumage, est une opération qui consiste tout simplement à boucher toutes les gueules du terrier de renard, à l'exception d'une seule, du côté d'où vient le vent, d'y enfoncer des herbes (foin de prairie), de bien allumer le tout et de fermer cette entrée dès que la fumée aura rempli le terrier (s'aider d'un soufflet). Si l'opération a été bien faite, quelques heures après, on trouvera le renard mort non loin de la sortie du terrier.

• Les renardeaux à la pipée

Quand les jeunes renards ont abandonné le terrier, ils vivent encore quelque temps en compagnie. La mère d'ailleurs ne les abandonne pas tout de suite, elle les initie à la chasse et leur apporte encore une partie de leur nourriture. Quand, vers le mois de mai, vous trouvez sous un arbre élevé, en bordure d'une allée, dans un champ de foin proche des bois, des places foulées en rond, c'est l'indice de fréquentation d'une portée qui vient sur ces emplacements jouer et se rouler au soleil. Déjà chasseurs, ces animaux ne sont pas encore méfiants. C'est le moment de profiter de leur inexpérience. Il faut alors se poster non loin de ces places foulées et commencer à imiter la plainte du lièvre blessé. Bien abrité derrière une cépée ou masqué par un gros arbre, il faut lancer quelques notes, deux ou trois, pas plus et attendre à l'affût. Après cinq minutes d'attente, on recommence les appels toujours avec modération. Les pies et les geais vont répondre par des jacassements et les renardeaux pensant que les becs droits ont découvert la proie, vont se hâter vers la curée. Il faut donc redoubler d'attention. Le renard arrive à allure furtive, souvent coupée de brusques arrêts. Tournant la tête en tous sens, il cherche à repérer la direction d'où proviennent les plaintes. Il faut alors serrer les lèvres et laisser passer le cri de la souris. A cet appel, le renard est sur vous en quelques bonds et reste tout interdit en votre présence, ne s'apercevant de son erreur que quand il ne peut échapper au sort fatal.

Les vieux renards viennent également à la pipée, mais avec plus de méfiance et de circonspection.

• Au gîte, le blaireau !...

Le blaireau habite généralement de grands terriers que plusieurs générations ont aménagés et augmentés et qui souvent comprennent deux étages. Leur profondeur est grande. Il est bien souvent inutile de les " attaquer " dans ces carrières ; il existe un moyen pour les réguler : après la nuit venue et lorsque vous êtes sûr que les animaux sont sortis, car ils restent tout le jour au terrier, placez aux gueules de terriers une fiche de carton blanc. Le blaireau méfiant ne rentre pas et se gîte au plus profond d'un roncier, c'est là, avec des chiens mordants que vous pourrez le tirer. (Attention : le blaireau n'est pas piégeable sauf exception. Comme un gibier, il est chassable en période d'ouverture. Bien souvent, il se régule par les équipages de vénerie sous-terre).

• Dressage des chiens à la chasse sous-terre

Dès leur jeune âge, excitez vos chiots sur les rats et autres bêtes " puantes ", faites-les tirer sur les peaux de renards et de blaireaux que vous venez de prendre et que vous avez dépouillés. Lorsqu'ils sont adultes, emmenez-les avec vous, attachez-les auprès du trou où leurs aînés tiennent les abois, ils les écoutent en frémissant d'impatience et cherchent à les rejoindre. A la fin de la chasse, c'est le moment de les lâcher et de leur laisser " piller " l'animal que vous avez rendu inoffensif. Pendant tout ce dressage, les jeunes chiens montrent leurs qualités respectives, il faut avec discernement exciter les timides, calmer les ardents, ceux-ci pouvant être rebutés dans les débuts par de graves morsures.

• Savoir profiter de la neige fraîche pour réguler la martre

Le piégeur profitera de la neige " nouvelle ". On appelle ainsi une neige qui a commencé à tomber la veille au soir et durant une partie de la nuit. Toutes les voies du jour étant surneigées, c'est-à-dire recouvertes ; celles que le piégeur rencontre le matin en faisant sa tournée, sont donc récentes et bonnes. Dès qu'il est sur une voie de renard, de martre, il lui est facile de rembucher son animal, besogne facile du reste par une bonne neige. En ce qui concerne la martre, il lui est facile de la suivre, il n'attendra pas longtemps sans être amené au pied d'un gros arbre porteur d'un nid de corbeaux, de buses ou dans un trou de pic-vert. Quelquefois, la martre est visible, corps allongé sur une forte branche, il faut alors lui envoyer un coup de plomb n° 4.

• Comment capturer un lapin terré, à l'aide d'une ronce

Que de fois, au cours d'une partie de furetage, vous êtes obligé d'abandonner un lapin qui s'est terré : coupez une ronce bien droite,

Le jack-russell-terrier est recommandé pour le déterrage du renard

ou mieux encore, un églantier bien épineux, proportionné(e) à la longueur du terrier. Enlevez les épines du gros bout de façon à le tenir facilement des deux mains, puis glissez le petit bout dans le terrier jusqu'à ce que vous trouviez le lapin. Lorsque vous croyez être bien dessus, tournez avec force. Quand vous sentez que la peau du lapin est bien enroulée autour de votre ronce, tirez doucement tout en tournant et vous avez le lapin... Bien entendu, il faut que le terrier soit presque droit et pas très profond et la ronce bien épineuse.

• La pie bavarde : un appelant pour vanneaux

A l'approche de l'hiver, en Novembre et Décembre, les vanneaux huppés se rassemblent pour voyager, formant alors des bandes importantes de plusieurs centaines d'oiseaux, la plupart du temps inabordables car ils se posent toujours au beau milieu des plaines céréalières nues.

Il y a toujours une sentinelle qui veille pendant que les autres se restaurent. L'affût peut alors se pratiquer à l'intérieur d'une cabane faite de branchages, préalablement installée là où les oiseaux ont coutume de vermiller. Quelques vanneaux " empaillés " serviront à les attirer.

La pie est un très bon " appelant " de par son plumage noir et blanc. Les vanneaux n'arrêteront pas, par curiosité, de venir survoler ce leurre naturalisé.

• A savoir : les oiseaux indicateurs

Quel vrai chasseur n'a pas ressenti un léger battement de cœur en entendant les cris des geais, des pies ou des merles lors d'une battue au grand gibier, ou même au renard !... Tous ces oiseaux suivent en criant l'animal de chasse qui cherche, mais en vain, à passer silencieux et inaperçu.

Quel concert également au-dessus du renard pris au piège et que les pies viennent de découvrir à l'aube !...

Les perdreaux gris, eux-mêmes, donnent de précieuses indications ; de nuit, ils s'envolent à grand bruit, un par un, avant l'arrivée d'un prédateur, au contraire c'est un départ en groupe, et sans cri, s'il s'agit d'un homme.

• Bien placer les pièges sur sentier de piégeage

Le rôle du sentier de piégeage est de canaliser tous les prédateurs vers les boîtes-pièges, ou à proximité de dispositifs de piégeage montés depuis longtemps. Les seuls engins placés directement dans le sentier seront les grandes boîtes à fauves (ou chatières), et ceci est excessivement important dans les zones giboyeuses, car le gibier suivra les sentiers aussi bien que les nuisibles. Il importe donc de pouvoir le relâcher sans aucune mutilation ou dommage, si, par hasard, il se prend dans l'une de ces boîtes. On placera les belettières par côté ou en dérivation des sentiers de piégeage, de façon à leur laisser toute leur largeur pour les grandes boîtes sans être obligé de rétrécir les sentiers.

Quant aux pièges (Belisle, Albert ou le piège à œuf), jamais on ne les placera à moins de six à dix mètres des sentiers, toujours dans le but d'éviter tout accident éventuel au gibier.

On choisira, en outre, des dispositifs de piégeage offrant un coefficient de sécurité suffisant pour le gibier et, parmi ceux-ci, on aura le choix entre les faux terriers, les charniers, les souches, les jardinets, l'assommoir perché, etc...

• Les matériaux à utiliser pour l'édification du jardinet

Les matériaux varient de la branche feuillue à palme plate à la branche de résineux ; de la motte de terre au tas de grosses pierres ; de la souche ou du tronc d'arbre à base creuse à la cépée ou au tas de bois.

Il faut tenir compte que si l'on piège en hiver, il y a impossibilité matérielle à se procurer des branches fournies de feuilles caduques ; que si, par hasard, on s'en procurait, la construction jurerait avec l'ensemble de la végétation du moment.

Si l'on piège en été, les branches coupées vont sécher très vite et jurer avec la végétation verdoyante du moment. Par ailleurs, à la construction du jardinet, il faudra tenir compte de la différence de teinte considérable qui existe entre le dessus et le dessous des feuilles, et ne pas placer un rameau de feuilles en dessus à côté d'autres piqués en dessous. L'effet serait des plus édifiant pour les prédateurs.

Dans les deux cas, on arrive à une conclusion identique : la construction jure avec la végétation du moment, et c'est vraisemblablement là qu'il faut chercher l'explication du conseil : "faites vos jardinets longtemps à l'avance", plus un jardinet et vieux, mieux il prend !...

• Conseils pour placer l'appât

Ne vous pressez jamais pour placer votre appât dans le jardinet. Placer d'abord le piège et laisser-le tranquille trois ou quatre jours. Puis le cinquième, arriver par-derrière le dispositif, attacher l'appât bien odorant, et retirez-vous à reculons en relevant les herbes que vous avez pu écraser. Le résultat est certain.

• Un bon procédé : le piégeage à la souche

Le piégeage à la souche offre l'avantage d'être excessivement discret ; rien ne le décèle extérieurement, il n'éveille pas la méfiance des nuisibles.

Il s'exécute ainsi : on cherche une vieille souche d'un gros arbre abattu, voisine d'un passage connu comme fréquenté des nuisibles. On creuse, entre deux racines affleurantes un trou de 30 centimètres de profondeur sur 10 centimètres (genre faux terriers). On place l'appât au fond de ce trou et en gueule, on ménage un placeau qu'on comble temporairement avec de la mousse ou de feuilles mortes. Dès que l'appât est enlevé, on le renouvelle et on garnit le placeau du piège qui lui est destiné.

Ce procédé offre, en outre, sur le jardinet, l'avantage suivant : il supprime les appâts décomposés couverts d'asticots qui attirent faisans et perdreaux, constituant ainsi un danger permanent pour le gibier dès que la température devient un peu plus chaude.

• Précautions nécessaires pour le piégeage en temps de gel

Le piégeur aura le plus grand intérêt à faire ses placeaux avant les premières gelées. On évitera de piéger en lieux humides, ou sous des matériaux retenant l'humidité atmosphérique : mousse, gazon, vase, etc... On cherchera à placer les pièges sous des abris naturels formés, par exemple, par des résineux, des amas de rochers, des fagots, etc...

Quant à la question des appâts ou des odeurs, il faut rappeler que les appâts se conserveront mieux en cette période, mais que leur odeur, ainsi que celles des odeurs attractives choisies, ne seront que d'un faible pouvoir. Cette diminution d'attraction est due uniquement à l'abaissement de température. Il y aura donc lieu, soit de doubler la dose, ou, ce qui est mieux, de la remplacer fréquemment. On fera bien au sujet des odeurs, de préférer les parfums à base d'alcool ou de glycérine à ceux à base d'huile.

Il est bon de rappeler également que les périodes de gel précèdent généralement de peu l'époque des accouplements pour la plupart des carnassiers : c'est donc à ce moment que l'on aura plus de chances dans l'emploi des odeurs dites de sexes.

Rappel : l'emploi d'odeurs fantaisistes est aussi " nuisible " que les placeaux mal faits ; mieux vaut n'en pas mettre du tout.

Pour les odeurs se rapportant aux questions de nourriture, l'époque est tout indiquée, car les animaux voyagent beaucoup sous l'influence des accouplements futurs et proches, et ils glanent la nourriture un peu partout où ils peuvent la trouver sans gros efforts. A cette époque, on capture plus de mâles que de femelles.

• Dernières touches au piégeage en terrain mou

Pour ce qui concerne le piégeage à proximité de l'eau, j'entends tous les procédés qui amènent le piégeur à poser ses pièges dans la terre, la vase ou le sable immédiatement à proximité de l'eau. Il faut toujours empêcher le comblement de la partie vide aménagée sous la palette du piège à lacet, soit par un fond en gros papier, en toile, soit par un bourrage élastique fait d'éponge ou de mousse. De plus, une fois le placeau fait, ne jamais oublier d'arroser ou mieux d'effectuer une aspersion sur l'ensemble complètement terminé, au moyen d'une branche trempée dans l'eau. Cet arrosage donnera rapidement au terrain l'apparence qu'il avait avant l'opération.

• Le piégeage dans la neige

On pose le piège à lacet ou le " Belisle " dans son placeau, puis on place dessus une feuille de papier en forme de trapèze que l'on superpose pour former une couronne totale qui, avec sa souplesse, ne s'opposera pas à la fermeture de l'engin. Puis cette première couverture étant achevée, il ne s'agit plus que d'effectuer la dernière en neige.

La neige peut être sèche ou poudreuse, et, dans ce cas, on la manipule comme le sable avec la pelle et le tamis qui répartit uniformément la couche sur le placeau. Si, au contraire, la neige est floconneuse et humide, il faut éviter de la brasser, et mieux vaut chercher à couvrir le piège en secouant au-dessus des branchettes couvertes de neige, ceci jusqu'à ce que la hauteur voulue soit obtenue. Chose essentielle, on se retire en effaçant totalement ses traces.

• Précautions par temps froid

Si, l'hiver, on emploie une odeur, pour attirer les prédateurs aux pièges tendus au jardinet ou au tas de fumier, on a le plus grand intérêt à la renouveler fréquemment, car le froid réduit considérablement l'aire d'expansion des parfums. On peut, aussi chercher à exciter la curiosité des carnassiers, en suspendant un fragment de l'appât à proximité du piège, tel qu'un morceau de peau de lapin, un oiseau mort (la pie pendue par les pattes est très attractive), pour attirer leur attention.

• Identification et régulation du putois

Le putois tue ses victimes par section de la carotide ou écrasement du cervelet ; toutes ses proies portent donc sa signature à la nuque ou au cou. Les œufs sont gobés en bout, la coquille restant sur place.

Ses laissées sont de couleur généralement noire et de consistance fréquemment très molle. Leur forme est parfois semblable à une grosse tâche de cambouis, parfois et le plus souvent en chapelet de 5 à 6 centimètres ; mais ce qui ne varie guère à l'état frais, c'est l'odeur infecte.

Le putois n'est pas indifférent à l'appeau, en particulier l'imitation du cri de la souris ou du lapin blessé. Avec ce mustélidé, c'est surtout le piège en X placé en jardinet, au tas de fagot, les boîtes tombantes ou les chatières qui en ont raison. Là où un animal a été pris, il y a neuf chances sur dix qu'on en prenne d'autres, par la suite.

• Pipage et chouette pour réguler les becs droits

Les becs droits qui obéissent le mieux au " pipage " et aux leurres (chouette artificielle) sont les geais des chênes et les pies bavardes. Une succion contre la paume de la main, imitant grossièrement le cri de détresse d'un petit animal quelconque suffit pour détourner la pie et la faire venir sur le fusil, à la condition que le pipeur soit bien dissimulé dans un taillis.

• Piégeage à proximité de l'eau

Le piégeage à proximité immédiate de l'eau intéresse, non seulement les animaux que l'on a l'habitude de rencontrer en ces lieux, mais également bon nombre de carnassiers qui, au cours de leurs randonnées, n'oublient jamais de visiter les rives, soit pour y boire, soit pour y trouver quelques proies amenées par les eaux, ou dissimulées dans la végétation de bordure. C'est ainsi que ce piégeage s'adresse non seulement au ragondin ou au rat musqué, mais également au renard et aux mustélidés (belettes, putois).

Cependant, il est inutile de rappeler que la plupart de ces animaux ont une sainte horreur de l'humidité : comment allier cette aversion avec la rencontre de ces mêmes animaux en de telles régions ?... A vrai dire, la chose est relativement aisée ; tous ces carnassiers n'ont qu'un but : la recherche de nourriture et l'on peut dire que, même dans cette recherche en lieux différents de leurs cantons habituels, ils cherchent toujours à éviter au maximum de mouiller leur fourrure. C'est pourquoi tous ces carnassiers se font prendre dans les boîtes à fauves placées sur un sentier de piégeage fait en bordure des étangs.

• Savoir appâter la fouine

Le met de prédilection de la fouine, c'est l'œuf de poule ou d'oiseau gibier. Son adresse est si grande, qu'elle sait l'enlever à la couveuse sans que celle-ci s'en effarouche. Si elle a faim, elle prend l'œuf par le petit bout et l'emporte tête haute pour le déguster à loisir dans quelque retraite proche. Si elle fait provision, elle emporte chaque œuf sous sa gorge, le range dans une cachette à elle connue et le recouvre de poussière. En temps voulu, elle n'oubliera pas cette réserve !...

Le piégeur doit lui faire prendre plusieurs œufs (au moins quatre) avant de tendre le piège. Le premier œuf qu'il posera sera exempt de toute odeur humaine. Sur un placeau en forme de nid de poule, il déposera l'œuf fraîchement pondu et ne le tiendra qu'avec des gants ou bien en l'entourant de feuilles vertes. Plus tard, quand la bête prendra confiance, il pourra se départir de ces précautions.

Quand les œufs disparaissent régulièrement, on en place un sur le piège dissimulé dans le terreau ou la menue-paille qui forme le placeau. Le carnassier sera pris le lendemain.

• La martre au branché

La martre vient comme beaucoup de prédateurs à l'appeau, soit avec le " hasenquake ", soit avec le cri de la souris. Si on est parvenu à faire brancher de jour une martre, elle se colle à une fourche de grosses branches la queue pendante. Si elle se réfugie dans un nid d'écureuil ou de pie, là également la queue pendante. Une ruse qui permet au chasseur, non armé, d'aller chercher son fusil (si la distance ne s'y oppose pas), il suffit de placer sa veste ou son chapeau sur un bâton piqué en terre. L'animal branché reste en contemplation devant cet " épouvantail " sans esquisser le moindre geste de fuite.

• Les meilleurs appâts pour la martre

Comme appâts, on peut joindre le poisson salé, le rayon de cire avec le miel et les œufs. Bien qu'elle préfère les appâts frais, il lui arrive de donner aux charniers. Elle suit volontiers les traînées faites avec du poisson (morue, hareng) et celles faites avec des tripailles arrosées de sang frais.

• Où rechercher les terriers de renards

A l'époque de la mise bas, ne cherchez pas les remises de renards au cœur des grands bois, loin du bruit des hommes. Neuf fois sur dix, le couple habite au terrier, à proximité du village, et souvent à des endroits déconcertants. Généralement l'endroit choisi est entouré de récoltes, ce qui empêche, dans une certaine mesure de le découvrir facilement. Cependant, il est aisé de distinguer parmi les seigles et les blés verts, la coulée bien battue des renards qui nous amènera au terrier et aux renardeaux.

• Changer les blaireaux de terriers

Les blaireaux habitent souvent des terriers profonds, trop vastes et dotés d'ouvertures multiples rendant le déterrage impossible. En soirée, dès que les animaux sont supposés sortis pour chercher leur nourriture, il faut se rendre sur les terriers connus comme inexpugnables et on place devant chaque gueule de terrier un petit piquet fendu de façon à recevoir un carré de carton ou un morceau de fort papier blanc, épouvantail que les défiants animaux se garderont bien d'approcher. Les blaireaux iront donc se remiser dans d'autres terriers accessibles aux déterreurs où ils pourront s'adonner à leur chasse (vénerie sous-terre).

• Piéger la belette à la nasse à rats

La nasse à rats se compose de deux compartiments, le premier présentant une entrée facile, séparée du deuxième par une palette retenue par un léger contre-poids et qui peut, par conséquent, aisément basculer. Le piège est donc simple et on le trouve à la vente partout.

Comment décider la belette à entrer dans la nasse ?... Il faut pour cela un appât qu'elle affectionne : la souris ou le campagnol. On enferme la souris ou le campagnol dans le deuxième compartiment de la nasse, et il reste à placer le piège dans un endroit fréquenté par les belettes (le long des haies de plaine, des vieux murs, bas de talus, etc...). La souris vivante frétille dans son compartiment. Toute belette qui passera dans les environs va flairer l'appât et sera prise.

Le campagnol est beaucoup plus résistant que la souris ; il vit en captivité des semaines et même des mois avec du pain comme seule nourriture.

• Un appât très puissant pour capturer la belette !...

C'est la belette morte !... Pourquoi la belette attire t'elle sa congénère, mystère !... Aussi l'expérience est probante. Chaque fois que les nasses sont appâtées avec des belettes mortes, elles font des prises et peu importe que l'appât soit pourri.

Dans la nasse à rats, cet appât est bon pendant au moins trois semaines et ce n'est pas lorsqu'il est absolument desséché qu'il ne vaut plus rien. Si on utilise la belettière, la belette morte sera placée carrément sous la belettière tendue.

• Assurer un bon fonctionnement à la belettière

Sur le dessus de la belettière, on clouera une feuille de zinc servant à abriter le piège et à assurer son bon fonctionnement. Cette précaution est indispensable : la pluie ferait gonfler le bois et enlèverait toute sensibilité au mécanisme.

• Régulation du renard à l'aide du furet

Un moyen pratique de réguler les renards au fusil, quand on connaît leur terrier. Tout d'abord, on visite tous les terriers situés sur le territoire dont on a la garde et il ne faut fureter que ceux que nous avons de bonnes raisons de croire habités. Toutefois, quelques règles sont à observer pour augmenter les chances de réussite. En approchant du terrier, ne pas parler, ne pas faire de bruit en marchant car le renard est toujours en éveil. Employer de préférence de vieux furets qui sont moins craintifs. Ne fureter que si vous êtes à peu près certain que le terrier est habité. Pourquoi le renard sort-il de son terrier en plein jour ? Tout simplement, parce qu'il déteste l'odeur du furet. Cette odeur lui donne une impression désagréable à son nez, très fin, ce qui le met en fuite !...

• Pour empêcher le furet de mordre

Le furet a une véritable répulsion pour l'oignon. Qu'on lui présente un oignon au bout d'une baguette, il se détournera ; si par mégarde, il le saisit, il le lâchera aussitôt avec dégoût. Il est donc simplement recommandé d'introduire une fois pour toutes un morceau d'oignon dans la gueule du furet et de le maintenir solidement quelques instants, puis le lui laisser rejeter. Quand on saisira ensuite le furet, après avoir frotté ses mains à l'oignon, il ne mordra plus.

• Capture du rat surmulot : savoir poser nasses et tapettes

La meilleure façon d'employer la nasse à rat est de l'appâter d'une couenne de lard grillé, d'un pain de maïs ou de graines de citrouille et de la placer dans l'angle le plus sombre d'un bâtiment où se tiennent les rats en laissant l'entrée d'accès facile. On la recouvre d'un vieux sac et on l'entoure de caisses ou autres objets (sacs, tonneaux, etc...). Si, au moment des portées, un jeune rat a la bonne idée de rentrer dedans, les autres suivront et parfois la mère avec ;

En ce qui concerne l'utilisation des ratières à portes tombantes, actionnées par le rongeur qui passe sur une palette, elles sont très prenantes, car elles éveillent moins la méfiance des animaux. Il est une particularité à connaître, c'est que les rats ont l'habitude de longer les murs ; c'est donc parallèlement et à la base de ceux-ci qu'on tendra ces ratières. Leur entrée sera précédée de planches formant goulot, comme pour les nasses de pêche.

Quant à la " tapette " à rats, elle est d'emploi beaucoup plus pratique : peu encombrant, facilement transportable, aisé à placer et d'une sensibilité facile à régler. Il est bon de la noircir à la suie ou aux cendres quand elle est neuve. C'est le long des murs et dans les angles qu'on a le plus de chances de capturer les rats longeant la base des murs et grimpant ou descendant aux angles. On placera donc les pièges perpendiculairement aux murs, la palette près du mur et on pourra guider les rats vers les pièges par une planche posée en long et obliquement à la base du mur, en ménageant ainsi un couloir ouvert. Ce dispositif est particulièrement intéressant dans les greniers ou granges offrant de nombreux trous à la base des murs. Avec un piège tendu à chaque extrémité, on commande ainsi plusieurs trous de rats. Les tapettes peuvent également se tendre sur une poutre, une rampe ou une planche inclinée.

Remarques générales : Dans tout ce qui concerne le piégeage des rongeurs, il importe de changer fréquemment les pièges de place, car ces animaux ont la mémoire des lieux et un piège éventé ne fera jamais de capture.

Il est indispensable de visiter au mois trois fois par jour les pièges tendus, une fois dès le matin, une autre à midi et une à la tombée de la nuit. Ceci pour que les victimes n'effraient pas ceux qui vivent avec elles. Dès que les rats ont eu connaissance de la capture de leurs semblables, ils évacuent les lieux ou deviennent excessivement méfiants.

Le piégeage de vieux et gros rats demande autant de précautions que celui des petits carnassiers. Il faut avant tout éviter de modifier le décor et de toucher le piège avec les doigts nus ou non frottés d'herbes odorantes.

• Un procédé simple et de bon rendement : le jardinet temporaire !...

Le " jardinet temporaire " est celui qu'on fait en défonçant d'un coup de talon une touffe de ronces et d'épines et en plaçant au fond un appât et, devant, le piège, à 25 ou 30 cm de l'appât. Ce procédé est très expéditif et peut se placer n'importe où et c'est un des plus prenant que je connaisse. Bien entendu, il faut opérer à proximité immédiate d'une coulée fréquentée ou bien d'amener l'animal au piège par un élément de traînée.

• A savoir : le glapissement du renard

Le renard se fait entendre dans les cas suivants : au cours d'une chasse ; pendant le rut ; en temps de disette ; au moment où la renarde dresse ses jeunes à la chasse.

Le renard glapit aussi bien par pleine lune que par nuit noire, et aussi bien par pluie que par sécheresse. Ce glapissement est destiné à être entendu d'un autre renard ; il est émis principalement le soir.

Le rut s'échelonne de fin décembre à fin janvier. Les renardeaux naissent en mars-avril et commencent à chasser avec leur mère fin juin. La période de disette se place du 15 janvier au 15 février.

Le glapissement du renard n'a qu'un but : celui de rassembler deux ou plusieurs animaux du même sexe ou de sexes différents. Le glapissement du renard est un cri rauque et traînant, plus grave chez le mâle, plus aigu et plus bref chez la femelle.

• Connaître le régime frugivore des prédateurs permet quelques captures

Les variétés de baies ou de fruits offertes aux prédateurs sont intéressantes à savoir pour le piégeur. Dès le mois de juillet, on voit renards, fouines, blaireaux, putois, donner aux cerises sauvages des merisiers des bois et se régaler de ces petites baies rouges ou noires.

En août, dans les champs, le blaireau se gave de pains de maïs en lait et de tous les fruits tombés. La fouine donne aux premières pêches et aux prunes sur l'arbre ou à terre, selon sa capacité de grimper.

En septembre, les loirs font de grands dégâts dans les espaliers et dans les arbres fruitiers. Poiriers, pêchers, pommiers sont les plus visés dans cette offensive de rongeurs. Le putois, le blaireau et la fouine se régalent de fraises sauvages, de framboises et de mûres. Le renard donne également à ces dernières. Les baies de sureau noir ne tentent guère que la fouine.

En octobre, c'est le mois d'abondance pour ce régime frugivore. Les baies d'épines noires (prunelles) et celles d'églantier sont un régal pour la fouine. Le putois et le blaireau semblent moins en puiser. Les cormiers disséminés dans le bois seront l'objet de visites intéressées de la part des martres et des renards, friands de ces petits fruits en forme de poires teintées de brun, de rouge et de vert. Les pommes sauvages sont également très recherchées des blaireaux, renards et parfois des fouines. Les ronciers de mûres et de framboises sont également un centre d'attraction pour les fouines, renards, putois et blaireaux. Ces mêmes animaux donnent également aux fruits des sorbiers et des oliviers.

Viennent alors les mois de piégeage et de capture. La connaissance du régime frugivore des animaux peut permettre quelques captures intéressantes que le piégeur aurait tort de négliger.

En novembre, les baies noir bleuté des prunelliers (épine noire) peuvent tenter la fouine mais beaucoup moins que les baies rouges de l'églantier. Les ronciers de mûres gardent leur clientèle de putois, renards, blaireaux, fouines. En montagne, les myrtilles et les alisiers blancs aux fruits globuleux ou ovoïdes, luisants, verts en début, puis rouge attirent blaireaux, renards et martres.

Ces cures de fruits ou de baies sont visibles par l'examen des fientes des animaux qui, à certains moments, sont littéralement bourrées de noyaux ou de pépins. C'est particulièrement le cas pour le blaireau, en septembre-octobre, avec les raisins.

Un piège adroitement camouflé sous un roncier ou sous un églantier pourra donner des surprises agréables de même un piège bien placé, appâté de fruits ou de baies.

C'est donc au piégeur de savoir exploiter ces indications, à lui d'observer dans la région, les arbres cités et de déterminer quels sont ceux qui offrent une réelle attraction sur les prédateurs.

• A savoir : effets des animaux nuisibles sur les nids

Ils se font sentir sur tous les nids sans aucune exception : perchés, abrités dans un tronc, à terre ou sur l'eau. Plus ils sont visibles, plus ils sont menacés ; un printemps tardif est un désastre pour les nids précoces. Tous les nuisibles voient dans les nids une proie facile à ne pas négliger : œufs, poussins et couveuse.

Pour les nids perchés, on peut noter les ennemis suivants : corneilles noires, pies bavardes, geai des chênes, rapaces diurnes et nocturnes, martres, fouines, hermines, belettes, rats, écureuils, loirs.

Pour les nids abrités dans un trou (branche ou arbre creux) : les loirs, lérots, rats, écureuils, chats, hermines, belettes.

Pour les nids à terre : chats, belettes, hermines, hérissons, putois, fouines, renards, blaireaux, rats, corneilles, pies, busards Saint-Martin.

Pour les nids sur les eaux ou accrochés aux rives : même prédateurs que ci-dessus, avec, en plus, le héron.

• Technique de la battue aux renards et autres nuisibles

Les battues aux nuisibles, notamment le renard, se doivent d'être faites le plus tôt possible après la fermeture générale de la chasse, de façon à ne pas déranger le gibier restant (les reproducteurs) au moment des pariades.

Pour la même raison, il est indispensable d'en réduire le nombre au maximum. Les battues seront toujours faites que dans les zones fréquentées effectivement et régulièrement par les nuisibles.

Une telle battue ne doit pas s'improviser. Toutes les manœuvres sont décidées d'avance par le président, et leur succès dépend pour une grosse part de la discipline librement acceptée par les tireurs et les rabatteurs. La discipline du silence dans les déplacements et celle du tir sont les principales à observer. Il est souhaitable d'obtenir des tireurs qu'ils n'hésitent pas à tirer les pies, les corneilles, aussi nuisibles que les renards. Les postes doivent être numérotés d'avance et le secteur de tir de chacun parfaitement connu.

L'ensemble de la battue est fixé par un horaire qu'on s'efforcera de respecter, le directeur de l'opération le surveillera de près et sera secondé par le garde sur la ligne de rabatteurs. L'encadrement de cette dernière sera confié aux meilleurs rabatteurs. Si la société dispose de banderoles, celles-ci seront mises en place dès l'aube selon les indications données.

Quant à la façon dont ces battues sont menées, on peut dire qu'une battue bruyante a tendance à faire rebrousser les animaux. Une battue menée lentement et sans grand bruit fait lever les animaux qui vont plus facilement vers les fusils. Les postes à tenir seront en premier les passages favoris connus et les terriers, ces derniers devant être gardés avant le départ de la première battue.

Ces postes, comme les lignes de tir, seront choisis à bon vent, mais, si l'objectif principal de la battue est la régulation du renard, il faudra se souvenir que ce carnassier fuit vent dans le nez, d'où, logiquement les rabatteurs devront partir vent dans le dos et les tireurs être posés non pas face aux passages connus des renards, mais par côté, à quelque 15 ou 20 pas.

Ceci sera d'autant mieux que le renard voit mieux de face que par côté. Il sera prudent de mettre des tireurs marchant avec la ligne de rabatteurs, ou restant en surveillance sur la ligne de départ pour être en mesure de tirer les animaux essayant de rebrousser chemin (en retour).

Plus le terrain sera fourré, plus les rabatteurs devront avancer lentement en battant tous les buissons et en reformant l'alignement de la ligne sur les sentiers bien placé à cet effet.

Le temps influe dans ces battues : par un froid sec et gel, les zones à battre seront plus longues et la marche en sera plus rapide. Ne pas oublier que le renard est un maître dans l'art d'utiliser le terrain. Le moindre petit fossé, la moindre rigole, et votre renard vous file sous le nez, ne laissant paraître que la pointe de ses oreilles. C'est également un bon stratège qui sait arriver sans bruit et sait se faire remarquer à quelques mètres de la ligne pour franchir celle-ci d'un seul bon à la première inattention du tireur qui la garde. Telles sont les indications principales relatives aux battues de nuisibles en dehors des questions légales à observer.

• La vipère : serpent de rencontre – conduite à tenir

Au cours de leurs pérégrinations, les chasseurs et piégeurs se trouvent souvent en face d'un serpent. Pour beaucoup, le premier mouvement est une retraite prudente ou une tentative de mise à mort du reptile.

On distingue deux classes de serpents : les vipères et les couleuvres.

Les vipères ne mordent que lorsqu'elles ont l'impression d'être en danger ou sur le point d'être capturées. C'est ce qui se produit si par mégarde on marche sur elles sans les avoir remarquées. La morsure est donc un geste de défense du reptile et non un mouvement agressif.

Pour tous ceux qui connaissent les animaux sauvages, ils savent que tous ont horreur des mouvements brusques de l'homme qu'ils considèrent comme dangereux à leur égard. Les couleuvres, qui sont pratiquement inoffensives, réagissent de même, mais vipères et couleuvres ne cherchent pas à attaquer. Comment différencier les deux espèces ?...

Les vipères atteignent rarement le mètre de longueur, leur allure est relativement lente, le reptile rampe le corps collé au sol, décrivant des S très accentués, la tête au sol. Le corps paraît trapu, terminé par une queue courte. Surprises ou attaquées, leurs bonds ne dépassent guère 40 cm.

Une variété, la vipère Aspic, cherche les terrains arides, rocailleux, sauvages ; l'autre, la vipère Péliade, semble rechercher des lieux plus humides.

Les couleuvres atteignent facilement le mètre (allant à deux mètres pour certaines). Leurs mouvements sont extrêmement rapides, leur fuite se présente sous forme d'un glissé parfois presque rectiligne ou légèrement ondulé dans un plan horizontal ou vertical selon le terrain, la tête levée au-dessus du sol. Le corps est effilé, la queue n'en est que le rétrécissement progressif.

Les vipères ont une pupille verticale, un corps aminci brusquement pour former la queue, un museau plus ou moins tronqué. Toutes présentent au moins deux rangées d'écailles (petites ou grandes) entre le bas de l'œil et le bord de la lèvre supérieure.

Les couleuvres ont toutes une pupille ronde, un corps uniformément aminci, un bout de museau ovale. Toutes ne présentent qu'un seul rang d'écailles entre le bas de l'œil et le bord de la lèvre supérieure.

Conseil : en cas de rencontre, il faut éviter l'animal si vous le voyez et le laisser filer. Si vous êtes surpris par lui, gardez votre sang-froid, évitez les grands gestes et les tentatives de mise à mort, avec un bâton : neuf fois sur dix, vous manquerez le reptile et il est protégé.

• Soins aux volières d'élevage d'oiseaux-gibier

Partout où il y a concentration de gibier, il faut s'attendre à des visites intéressées de la part des nuisibles. En conséquence, il faut, autour des clôtures grillagées des volières, débarrasser soigneusement le bas du grillage de l'enclos de toute végétation pour en assurer une surveillance facile et journalière ; ce travail doit être fait des deux côtés du grillage. Ensuite, supprimez tout arbre adossé au grillage ou coupez toutes les branches permettant l'escalade et le franchissement de cette clôture.

Une fois ce travail extérieur fait, vous devez envisager trois genres de prédateurs :

- Les grimpeurs qui chercheront à s'introduire dans l'enclos en franchissant le grillage par-dessus.

- Les " filtrants " qui chercheront à passer à travers les mailles.
- Les fouisseurs qui chercheront à passer par-dessous le grillage.

Parmi les premiers, vous aurez à compter avec les mustélidés grimpants et les becs droits.

Parmi les seconds, vous aurez les belettes, putois, rats surmulots, au besoin qui trouveront une maille coupée.

Enfin, parmi les fouisseurs, vous aurez les renards, les putois sans oublier les chiens errants.

Il y aura donc grand intérêt à porter une surveillance continuelle et à établir une défense permanente le long de la clôture grillagée. Attention, un grillage à mailles de 40 millimètres laissera passer les belettes. Il est donc recommandé de mettre un grillage de mailles 10 millimètres sur les 50 premiers centimètres au-dessus du sol. Puis il nous faudra installer une " chatière " le long de la clôture, sur chaque face et quelques belettières perpendiculaires dont l'entrée fera face au grand grillage de l'enclos. Nous serons ainsi à peu près certains de cueillir tous les nuisibles qui longeront la clôture à la recherche d'une faille.

• Le piégeage de la réserve : la sécurité du gibier assure son cantonnement

Une réserve de chasse doit être aménagée, c'est-à-dire qu'elle doit présenter un véritable réseau défensif contre tous les ennemis du gibier qu'elle recèle. On doit y trouver des sentiers à fauves voisinant avec des sentiers d'agrainage et des sentiers de ronde, des cultures à gibier voire des abris à nourriture pour l'hiver. La lutte contre les nuisibles doit être menée journellement.

La réserve doit, en outre, offrir au gibier tout le couvert qui lui est nécessaire en toutes saisons. Il en est de même pour la nourriture.

Placé dans de telles conditions, le gibier sera maintenu en excellente forme et offrira d'excellents reproducteurs que la tranquillité des lieux incitera à proliférer sur place.

Située au centre du territoire de chasse sur une des meilleures zones où le gibier se plaît, il arrivera qu'au moment où la densité du gibier de la réserve est telle que le nombre des animaux amène un essaimage sur le territoire environnant. C'est d'ailleurs le but recherché !...

Conseil : contrairement à ce que l'on voit souvent, il ne faut pas mettre en réserve le terrain où il n'y a pratiquement pas ou très peu de gibier !...

• **Bien poser les banderoles pour un fermé de lapins de garenne**

Le procédé est bon, à condition de ne pas en abuser et d'espacer les séances, sinon les lapins bourrent sur la ligne de banderoles et le fermé est raté !...

Les banderoles doivent être mises en place la nuit vers 23 heures (il faut éviter les nuits claires et les nuits de tempête). Le meilleur temps est un temps doux avec un léger vent et une nuit noire. La pose des banderoles doit être précédée d'un travail préparatoire exécuté quelques jours avant. Ce travail consiste à enfoncer les piquets où il est nécessaire d'en placer pour tenir les banderoles. La ligne doit être choisie pour permettre un parcours aisé la nuit et surtout pour empêcher les lapins sortis au gagnage de nuit de rentrer au bois à l'aube ou avant. La veille au soir de la chasse, on peut placer les banderoles en tas, à distance, permettant de les raccorder, ce qui évite de s'encombrer le soir de la pose et permet beaucoup plus de rapidité. Il faut en effet opérer vite et dans le grand silence si l'on ne veut pas courir le risque de voir les lapins refluer au bois et laisser l'espace réservé au fermé, vierge de tout animal.

• Régulation des taupes : les règles pour bien poser les pièges à pincettes

Le piège à " pincettes " est parfaitement adapté pour le piégeage de la taupe. C'est dans l'emploi de ces pièges que résident toutes les difficultés.

Il faut, en effet, connaître toutes les défenses de la taupe pour réussir.

Voici comment il faut opérer :

- Ne piéger que dans les galeries principales, les seules parcourues au moins deux à trois dans la journée.

- Piéger d'emblée avec une vingtaine de pièges pour une parcelle de terrain de 20 à 30 ares pour barrer simultanément toutes les galeries principales, chaque galerie ouverte demandant deux pièges pour plus de réussite.

- Au point choisi de la galerie principale, ouvrir la galerie par une saignée verticale de 25 cm de long et 10 ou 12 cm de large. Enlever la terre du déblai.

- Sonder la galerie à l'aide d'un brin de bois souple pour s'assurer qu'aucune bifurcation de galerie n'existe au point où se trouveront les pincettes du piège.

- Nettoyer parfaitement la galerie des moindres pierres ou débris de ce qu'elle peut contenir par suite de la coupure faite.

- Introduire le piège dans la galerie, le bout des pincettes reposant sur le fond de la galerie et non en l'air comme le font certains piégeurs, puis caler le ressort en arrière par une pierre enfoncée dans la terre du fond de la coupure. Le volet du piège formant la détente doit être placé à 5 cm des pinces pour que l'animal soit saisi derrière la tête.

- Opérer de même dans l'autre bout de la galerie ouverte et recouvrir entièrement et du mieux possible la coupure faite et garnie de deux pièges. Le meilleur rebouchage se fait à l'aide d'une touffe d'herbe arrachée avec sa motte. On la retourne de façon que la terre de la motte soit en l'air et ne risque pas de venir combler l'espace entre les pinces en s'effritant.

- Visiter les pièges vers midi et vers 17 heures, enlever les captures ou, si la taupe a " bouté " le piège, c'est-à-dire si vous retrouvez les pinces enfouies dans la terre, retirez le piège et sondez pour voir où elle fait une nouvelle galerie. Vous la trouverez soit en dessous, soit par côté de la coupure. C'est dans cette nouvelle galerie que vous retendrez le piège.

Avec un peu de soins et d'observations, on arrive à capturer toutes les taupes installées dans une parcelle de terrain.

On a intérêt à opérer de mars à mai, car les taupes sont en pleine effervescence avec la période de reproduction et parcourent très souvent leurs galeries en quête de la compagne rêvée.

• Remarques et conseils

La fouine a une préférence marquée pour les œufs de poules car, à leur profit, elle dédaigne les œufs de canes : serait-ce l'effet de la couleur verdâtre de ces derniers qui en serait la cause ?...

Certains mustélidés procèdent au marquage de leur territoire pour faire connaître leur présence à leurs congénères. Les fouines et les martres ont des glandes anales et déposent une partie de leur contenu sur le sol, sur les pierres et les troncs d'arbres renversés.

Les sentiers dits " à fauves " auront 30 cm à leur base, élagués à 1 m 70 de haut, d'un tracé sinueux, et au sol bien propre. Leur but est de canaliser les prédateurs vers les boîtes et les installations de piégeage. Ils entourent généralement les taillis de bordure, le bord des ruisseaux ou étangs, et les lignes de crête.

La belette (Mustéla nivalis), malgré sa petite taille s'avère être un fauve redoutable, capable de tuer des animaux beaucoup plus gros qu'elle. Une belette attaque et tue un lièvre quarante fois plus gros qu'elle : la belette se blottit, elle se jette sur le lièvre qui passe et le saisit à la gorge. Le lièvre court, galope tant qu'il peut, la belette reste pendue, bringuebalant de gauche à droite, elle suce le sang ; bientôt, le lièvre perd sa force et il tombe, mort...

XVII – CONSEILS POUR LA REGULATION DES RAGONDINS ET DES RATS MUSQUES

• Déterrage du ragondin

Le ragondin ne cesse de proliférer et se révèle être un véritable fléau pour les digues des rivières et des étangs. Les terriers sont conçus en une multiplicité de galeries et, bien souvent, ces dernières provoquent des effondrements. Sa présence est révélée par les coulées et les excréments frais. Pour déterrer le ragondin il est vivement conseillé l'utilisation d'un seul chien à la fois, un fox terrier de préférence qui est un chien qui a du mordant mais aussi de la prudence pour parer à une éventuelle attaque du ragondin. En effet, cet animal possède de puissantes incisives capables d'occasionner de vilaines blessures. Lorsque le ragondin se retranche dans un accul, tenu au ferme, tel un blaireau, par le chien, il nous faut localiser l'endroit précis où les terrassiers vont entrer en action. Ces derniers creuseront toujours légèrement en arrière du chien, car si on tombe

85 ragondins capturés lors d'une journée de déterrage avec des chiens terriers.

Coulée de rat musqué en milieu aquatique

directement sur l'animal de chasse, celui-ci, peut arriver à forcer le passage et à s'éclipser.

Il faut donc ausculter le sol avec une sonde ou à plat ventre, directement l'oreille plaquée au sol. Les terriers sont généralement peu profonds, entre 1 m et 1 m 20. Si le départ des galeries est assez bas par rapport au niveau de l'eau, elles remontent ensuite.

Une fois le chien en vue, on le retire et il ne reste plus qu'à saisir le ragondin, avec une longue pince métallique, au niveau du cou, non traumatisante !... Un coup de maillet en bois assomme définitivement l'animal.

• Mammifères semi-aquatiques : ne confondons pas !...

La loutre, le ragondin, le rat musqué sont, très souvent, pris les uns pour les autres.

Pour les deux premiers, notez que le ragondin peut atteindre la taille d'une loutre, le comportement de ces deux animaux, qu'on ne fait le plus souvent qu'entrevoir, est un élément important de différenciation. Jamais la loutre surprise au bord de l'eau n'aura l'allure tranquille du gros ragondin. La première plonge avec ou sans bruit et vous ne la revoyez plus que par hasard et loin. Le ragondin, par contre, plonge parfois, mais reparaît un peu plus loin, sa tête allongée et la moitié du dos hors de long.

Si d'aventure, il vous est donné d'observer plus longuement les deux animaux, vous pourriez remarquer la forme massive du corps, le crâne allongé, la queue écailleuse du ragondin et pour la loutre, la tête ronde, la forme allongée du corps terminée par une queue longue velue de la couleur du dos. Inutile de parler du poids et des dimensions, qui varient avec l'âge des sujets.

La confusion du ragondin avec le rat musqué n'est possible qu'avec des animaux d'âges différents (jeune ragondin – vieux rat musqué). Attention, je dis confusion visuelle des deux rongeurs examinés de loin dans un espace de temps très court. Le rat musqué est plus vif dans ses mouvements, il est de quatre à cinq fois plus petit que le ragondin. Sa queue est aplatie sur les côtés, écailleuse et plus petite que la longueur du corps ; La queue du ragondin est également écailleuse, mais à section ronde et de longueur égale à celle du corps. Mais on peut confondre un jeune rat musqué et un vieux campagnol d'eau (rat d'eau), cependant la queue du rat est en proportion le tiers de sa longueur totale. Où la confusion est impossible, c'est avec le surmulot (fréquemment trouvé au bord de l'eau à la belle saison), le museau pointu, les larges oreilles, la longue queue de celui-ci n'ont rien de comparable avec le museau obtus, les oreilles à peine visibles, et la courte queue du rat d'eau.

Vénerie sous-terre :
capture d'un renard adulte

XVIII – LA CHASSE SOUS-TERRE

• Comment prendre le renard vivant

Si, lors d'un déterrage, vous voulez conserver un renard vivant pour " créancer " vos chiens sur le renard au terrier artificiel, voici le procédé à employer : neuf fois sur dix, vous trouvez le renard la tête tournée vers le fond de l'accul vous présentant la croupe ; il faut prendre dans la main gauche la queue et les deux pattes de derrière, appuyez fortement le pied droit sur l'échine, tirer doucement à vous et, lorsque le pied arrive sur les épaules, saisir avec la main droite la peau du cou, un aide vous présente un sac ouvert et, en lâchant les deux mains à la fois, le renard est ensaché sans avoir pu vous faire la moindre morsure. Attention, l'utilisation et le transport d'un renard vivant est soumis à autorisation préfectorale.

• Déterrage des blaireaux et des renards : comment s'y prendre !...

Réguler les renards et les blaireaux par le déterrage est une "chasse" remplie de difficultés, nécessitant une grande expérience.

Tous les chiens, pourvu qu'ils puissent entrer et se mouvoir dans le terrier, peuvent être utilisés. Néanmoins, pour l'attrait sportif du déterrage et la satisfaction du chasseur, il convient d'avoir des chiens créancés spécialement pour cet objet ; je veux parler des innombrables races de terrier ; parmi ceux-ci : le fox-terrier, le jagd-terrier, le jack-russel-terrier conviennent très bien. Toutefois, le bon " chien terrier " est celui qui tient les abois avec ténacité le plus longtemps possible, qui harcèle constamment et de près l'animal de chasse et qui a l'adresse de se dérober lorsqu'il est chargé pour revenir immédiatement au contact jusqu'à l'accul final où le déterreur intervient. Le fox-terrier est d'une grande bravoure, très tenace et en même temps d'une adresse étonnante.

• Conseils de dressage

Dès leur jeune âge, excitez vos chiens sur les rats et autres bêtes puantes ; faites-les tirer sur les peaux de renards et de blaireaux que vous venez de prendre. Lorsqu'ils sont adultes, emmenez-les avec vous, attachez-les auprès du trou où leurs aînés tiennent leurs abois, ils les écoutent en frémissant d'impatience et cherchent à les rejoindre.

A la fin d'une séance de déterrage, c'est le moment de les lâcher et de leur laisser piller l'animal que vous avez rendu inoffensif.

Pendant tout ce dressage, les jeunes chiens montrent leurs qualités respectives, il faut avec discernement exciter les timides, calmer les ardents, ceux-ci pouvant être rebutés dans les débuts par de graves morsures.

• Les outils à employer

Les outils de terrassier s'imposent : pelles, bêches, pioches, serpes, croissants, larges fourches, pour barrer les gueules de terrier, pinces pour saisir l'animal ; une longue tarière pour sonder les galeries.

Pour ouvrir les tranchées, deux vigoureux terrassiers sont suffisants.

• Recherche des terriers à exploiter

Il faut se mettre en campagne pendant la reproduction du renard, c'est-à-dire de mai à juin, quand les renardeaux sont déjà forts.

En visitant tous les terriers de la région, vous avez des chances d'en trouver beaucoup d'habités, souvent ceux-là même que vous avez piochés l'année précédente. Vous observez les indices d'habitat qui

terrier artificiel pour dresser les chiens "terriers"

sont simples et évidents : un orifice bien nettoyé, de nombreux poils laissés aux racines, des coulées fréquentées et une place bien nette et tapée sur laquelle les renardeaux viennent se chauffer au soleil, sans oublier les restes de victuailles du garde-manger (ailes de perdrix, de faisans, de canards, peaux de lièvres, lapins, etc...).

Une fois qu'un terrier habité est découvert, le chef d'équipage donne les ordres. Un des meilleurs chiens est lâché au terrier et dès qu'il commence à donner de la voix, on aménage le site. Les branches gênantes sont coupées et on s'occupe de repérer la disposition des galeries par l'inspection des ouvertures. On fait boucher celles-ci en fichant une fourche devant chaque gueule, sauf la plus fréquentée (j'ai déjà vu un animal s'échapper avant que le terrier soit attaqué).

Dès que le chien est aux abois, il ne faut pas se presser pour commencer les travaux, l'animal cherche à dépister son ennemi, tient à un endroit puis à un autre avant de se réfugier dans l'accul.

• Observations sur la façon de faire la tranchée

Lorsque les abois deviennent réguliers et partent toujours du même endroit, c'est le moment de creuser la première tranchée. Ici se place une observation sur la façon de faire ces saignées. Les terrassiers ont généralement le défaut de les faire trop étroites et, en les approfondissant, ils sont gênés ; n'hésitez pas à les ouvrir largement, c'est du temps et du travail de gagné !...

La tranchée doit être perpendiculaire à la galerie, efforcez-vous, par ce travail, d'isoler une partie du terrier, vous diminuez les moyens de déplacement de l'assiégé ; il sera toujours temps de la rouvrir si vous y laisser un autre animal.

Il est recommandé de n'utiliser qu'un seul chien au terrier, à moins de configuration particulière des galeries. Il faut qu'il ne soit pas gêné pour se dérober quand il est chargé (cela est surtout important pour le blaireau).

Lorsque le terrier n'est pas trop difficile, la deuxième tranchée peut suffire pour que le renard, poussé dans ses derniers retranchements, soit approché par le travail des terrassiers.

Le déterreur descend alors dans cette excavation, s'assure que toute fuite est impossible, retire le chien et s'apprête à se rendre maître de l'animal (l'aide d'une lampe électrique est quelquefois utile pour juger de la position de l'animal dans le fond particulièrement sombre de la galerie). On le saisit avec les pinces pour l'assommer ou le servir à la dague.

• **Les difficultés du déterrage du blaireau**

Le déterrage du blaireau présente de bien plus grandes difficultés que celui du renard. Sa formidable mâchoire, ses griffes, son courage et sa vigueur le rendent redoutable.

Les chiens que l'on y emploie sont les mêmes que ceux dont on se sert pour le renard.

Comme le blaireau habite des terriers que plusieurs générations on aménagés et augmentés et qui souvent comprennent deux étages, le travail des tranchées est plus pénible et leur profondeur plus grande. Les seuls, abordables, sont généralement situés au plus profond des bois. Inutile de les attaquer dans les carrières.

Les indices d'habitat sont les mêmes que pour le renard ; l'odeur que l'on perçoit est moins caractéristique. L'étendue et la profondeur du terrier sont beaucoup plus grandes, les tranchées seront plus nombreuses et plus importantes.

Le blaireau tient avec acharnement et longtemps dans les galeries avant de se décider à se réfugier dans l'accul. La nécessité d'isoler les parties de son repaire s'impose davantage.

Sa principale défense est de se contre terrer et comme il est un

Après le déterrage, les tranchées sont rebouchées, éthique oblige !...

fouisseur puissant, il rejette les déblais derrière lui et s'isole du chien, il faut que celui-ci déploie toute sa qualité pour le gêner dans ce travail, que la science et la perspicacité du chasseur peuvent seules déjouer.

On voit, par ces difficultés, que la prise est longue et dure, aussi convient-il de s'y prendre de bonne heure !...

XIX – REGULATION DU BLAIREAU

Le blaireau ne pourra être tiré au fusil qu'en période d'ouverture générale de la chasse et uniquement dans les départements où il est classé " gibier ".

• L'affût au blaireau

Le blaireau est un animal patient et rusé. En se mettant à l'affût, pour réussir, le chasseur d'image a le soin, durant plusieurs jours à l'avance, de visiter attentivement le terrier pour reconnaître la gueule par laquelle le blaireau a l'habitude de rentrer et de sortir. Le chasseur d'image doit s'installer de manière à bien voir la gueule principale. A mauvais vent, il y a tout à parier que l'animal ne sortira pas. Il faut choisir un beau clair de lune. A cette chasse, il faut s'armer de patience, car il suffit de la chute d'une branche de bois mort, du moindre bruit, d'un rien pour empêcher le blaireau de sortir. Lorsque ce dernier se dispose enfin à sortir, avant de le voir, on l'entend qui gratte et remue la terre. Le photographe prévenu prépare son appareil photo qu'il centre sur la gueule du terrier. Il ne voit d'abord que le museau qui passe, puis qui rentre. Un instant après, le blaireau sort à mi-corps et ne tarde plus à se montrer entièrement. Le déclenchement du flash ne le dérange aucunement.

• Le blaireau à tir

Cela consiste à laisser sortir le blaireau puis, vers onze heures du soir, à boucher les gueules des terriers avec des petits fagots que l'on recouvre de terre. Ne trouvant plus de " portes " pour rentrer chez lui, il va se cacher dans un fourré voisin. C'est là que, dès le matin, on vient l'attaquer avec des chiens " mordants " (fox-terriers ou jagd-terriers), très friands de la voie du blaireau. On le tire dès qu'il débûche de sa remise. (Attention : en de certaines régions, le blaireau se régule uniquement par la vénerie sous-terre).

Rappel : En ce qui concerne la régulation du blaireau par le piégeage et par utilisation du collet à arrêtoir, cela ne peut se faire qu'à la suite de dégâts et d'un arrêté préfectoral.. Par exemple, les populations de blaireaux sont en pleine expansion dans le département de la Somme (6 000 blaireaux recensés en cette année

Le jagd-terrier est un chien particulièrement mordant

2004), pour réguler cette population, le Préfet de la Somme vient de prendre une mesure exceptionnelle en autorisant la capture du blaireau au collet à arrêtoir. 150 piégeurs ont été désignés sous commandement et suivi du lieutenant de louveterie du secteur. Cette période de régulation va du 15 juin 2004 au 15 décembre 2004.

• La pose du collet à arrêtoir pour blaireau

Le blaireau a un statut de " gibier ", ses populations sont généralement régulées par les équipages de vénerie sous-terre.

Le blaireau est omnivore et mange volontiers de la chair, mais il faut une circonstance spéciale pour qu'il donne aux jardinets dont sa méfiance le détourne.

Les blaireaux n'opèrent leur sortie que durant la nuit ; ils sont ennemis de la clarté et même par clair de lune, ils redoutent les zones blanches et découvertes ; ils suivent et se couchent de préférence dans les coins les plus ombrageux et les moins éclairés par l'astre de la nuit ; encore s'avancent-ils avec prudence, toute leur méfiance étant en éveil, s'arrêtant à l'ombre, humant l'air et oreilles tendues, comme un animal qui craint à tout instant d'être surpris. Par temps pluvieux et sombre, le blaireau avance plus tranquillement, file droit son chemin, sans marquer d'arrêt ni d'hésitation ; aussi, sa capture, en coulée, avec le collet à arrêtoir devient plus aisée par les temps humides et tourmentés.

Le blaireau trace généralement des sentiers que tout observateur peut reconnaître et comme c'est un animal très régulier dans ses promenades, on peut le piéger en coulée sans crainte de se tromper.

Le blaireau va doucement en reniflant le sol pour y trouver : vers blancs, petits nids, rabouillères, fruits mûrs, etc... et l'odeur humaine lui cause une frayeur énorme, puisque là où les mains de l'homme ont travaillé sur la coulée où il doit passer, il s'en éloigne au plus vite et reste longtemps sans y revenir. Il faut donc, lors de la pose d'un collet, manipuler l'engin avec des gants très fins pour qu'aucune odeur humaine puisse subsister.

Pour capturer le blaireau, le mode de régulation qui pourrait être le plus généralisé est le piégeage en coulée. Il consiste, comme on le sait, une fois que l'on a découvert le passage régulier du blaireau à tendre dans ce passage un collet à arrêtoir parfaitement dissimulé, c'est-à-dire qu'une fois le collet posé, le contour de l'engin ne doit différer en rien de la nature du terrain environnant.

Cliché J.B. Schweyer

Très caractéristiques et immédiatement reconnaissables au volume des déblais (souvent plusieurs m³ de terre et de gros cailloux), ils présentent une entrée " en gouttière " creusée par les fréquents passages et l'évacuation des déblais. Utilisés de génération en génération, les terriers sont souvent étendus et leurs orifices (gueules) sont nombreux (jusqu'à 30 ou 40).

Dans la pose du collet à arrêtoir, la science de l'opérateur réside uniquement dans le choix de l'emplacement et dans la façon de tendre l'engin. Quand la chose est possible, on doit poser le collet dès le matin et choisir un temps pluvieux qui fait disparaître plus rapidement les effluves humains. Souvent, le blaireau sera pris le lendemain matin.

• Piéger le blaireau en coulée : tout un art !...

Avec cet adversaire sans cesse en éveil, il n'est pas facile de le piéger en coulée. Toutefois, il existe une variante qui, parfois, fait tomber l'animal inconsciemment dans le piège. Vous tendez en coulée un collet à arrêtoir comme pour le renard, dans un sentier fréquenté par les bêtes fauves, vous savez d'avance que maître " Tesson " (vieux mot français qui est resté au blaireau), au moment de passer sur le collet va flairer quelques embûches et qu'il se détournera pour passer à côté !...

Peu à peu, il prend confiance et se fraye à côté du sentier une piste nouvelle qu'il a maintenant l'habitude de prendre, vous allez donc profiter de cette légère modification dans les mœurs de l'animal,

Cliché J.B. Schweyer

Les coulées empruntées par le blaireau s'apparentent à de véritables sentiers et rayonnent au départ du terrier. Elles sont toujours propres, bien marquées dans le sol par le passage répété des blaireaux et dégagées de toute végétation à mesure que l'on s'approche du terrier. Elles sont plus larges que celle du renard.

Cliché J.B. Schweyer

Plantigrade, les empreintes que laisse le blaireau sur le sol ressemblent à celles d'un ours miniature. Les cinq pelotes digitales sont très rapprochées et presque alignées. Le doigt interne marque souvent très peu ou même pas du tout. Le coussinet plantaire et les griffes restent toujours perceptibles.

vous placerez votre collet comme à l'habitude et, à la place de la nouvelle piste, vous mettrez un fil de fer tendu à 25 cm du sol, destiné à recevoir une boîte à conserve quelconque. Ce fil de fer étant solidement attaché à droite et à gauche de la coulée et mis à environ 50 centimètres avant le collet va infailliblement arrêter l'animal dans son élan ; celui-ci, le heurtant, fait tressaillir la boite en fer blanc qui fait un bruit insolite... Alors notre blaireau, pour une fois, accélère sa course et change instantanément de piste, il prend l'ancienne coulée sans autre souci que de fuir ces lieux inhospitaliers et se jette dans le collet tendu !... Ce mode de préparation dans le piégeage du blaireau à l'aide du collet à arrêtoir est tout indiqué comme donnant d'excellents résultats pour la capture du blaireau.

Attention, le blaireau ne peut être régulé au collet à arrêtoir que lorsque le Préfet du département a autorisé cette pratique dans le cadre d'arrêtés préfectoraux spécifiques. Depuis quelques années, les populations de blaireaux sont en constante évolution et il nous est apparu utile de présenter cette pratique de piégeage. Il est en effet vraisemblable que dans de nombreux départements des opérations de régulation des populations de blaireaux seront organisées de plus en plus souvent lorsque cet animal cause des dégâts importants aux intérêts agricoles et dans le cadre de la sécurité publique.

XX – UTILISATION DES NASSES ET CAGES A BECS DROITS

• **Mise en place de la nasse**

La construction d'une cage-piège à becs droits (pies bavardes, corneilles noires) est facile à réaliser, soit avec des matériaux de récupération (chevrons carrés de 6 cm de côté), soit avec des perches droites et des pieux de châtaigniers ou autres bois imputrescibles (chênes, acacias). La cage ne doit pas être trop petite. Les dimensions conseillées sont : 4 mètres de longueur, 3 mètres de large et 3 mètres 50 de hauteur. Les pans du toit seront inclinés à 50° vers l'échelle centrale, dispositif permettant l'entrée des becs droits, dont la base se trouve à 2 mètres du sol. Les barreaux de cette échelle devront impérativement être en lattes de bois, espacées de 20 centimètres sur un écartement maximum des montants de l'échelle de 15 centimètres.

En respectant ces données, les corvidés ne risqueront pas de ressortir de la cage-piège. L'emploi d'un solide grillage en mailles de 41 millimètres est suffisant. La cage sera garnie de perchoirs, d'un abri fait d'une tôle posée sur quatre pieux et d'un important bac à eau. Il ne faut pas oublier que les corvidés se baignent autant que les canards. Il existe dans le commerce des cages-pièges métalliques construites en panneaux démontables. Elles ont l'avantage de pouvoir être aisément déplaçables d'un secteur à un autre avec une grande facilité de montage.

La cage piège sera placée dans des endroits recensés auparavant et régulièrement fréquentés par les becs droits. Ils doivent être situés en des lieux tranquilles et peu dérangés par les humains, les troupeaux et éloignés des routes, des chemins ouverts au public. Les meilleurs emplacements sont près des dortoirs, des champs ensemencés, des grosses haies en plaine surplombées par de gros arbres, des boqueteaux isolés et des corbeautières à l'époque de la nidification. L'idéal sera de placer la cage-piège au beau milieu d'une prairie naturelle, à proximité de quelques grands arbres dénudés ou en lisière d'un boqueteau de plaine.

En effet, les arbres sont d'excellents postes d'observation pour les corvidés car ceux-ci se perchent toujours avant de se décider à descendre dans la cage en empruntant l'échelle placée en "

Nasse à becs droits installée en plaine !...
Les oiseaux appelants se doivent d'être abreuvés, nourris, avec des perchoirs mis à disposition : le règlement oblige !...

entonnoir ". Une cage bien placée sera prenante toute l'année. Il est évident qu'une nourriture ainsi que de l'eau fraîche seront régulièrement distribuées à l'intérieur et en bonne quantité. Ces aliments peuvent être variés : restes de cuisine, tripailles de volailles ou de lapins qui sont très attractifs, des graines de blé et de maïs, des pommes de terre cuites dont les corneilles raffolent ainsi que des déchets carnés, sans oublier les noix sèches que l'on garde au grenier. Les noix ont un très grand pouvoir attractif.

• Les appelants

Deux ou trois appelants de l'espèce visée suffisent par cage-piège. On peut panacher en y mettant, par exemple, deux pies bavardes et deux corneilles noires. On peut se procurer des appelants auprès de collègues piégeurs. Ces oiseaux, dès leur mise dans la cage-piège, comme appelants, seront évidemment bagués afin de ne pas les confondre avec leurs congénères sauvages lors des reprises. Si l'on n'a pas la possibilité d'avoir de jeunes oiseaux, le plus simple sera de s'en procurer auprès des sociétés de chasse qui ont déjà des cages opérationnelles. Depuis quelques mois, la loi sur le développement des territoires ruraux a admis que le fait d'être piégeur agréé donnait le droit de transporter des appelants vivants des espèces classées nuisibles régulables dans votre département. Il n'est ainsi plus utile de demander des autorisations de transport auprès de la DDAF. La Fédération des Chasseurs du département concerné vous donnera toutes les indications utiles. Enfin, autre point important : dès que les oiseaux sont pris, on aura grand soin de ne les prélever

" Nasse " à corbeaux et pies.
Une chatière est aménagée sur un côté : très prenante car les carnassiers suivent le grillage, attirés par les becs droits captifs.

Cage-piège à becs droits avec, sur le côté, une grande " chatière " pour capturer les renards mais aussi les chiens errants, grands destructeurs de gibier !...

que de nuit ou assez tard, en soirée, à l'aide d'une épuisette. Si leurs congénères libres, à la vue perçante, s'apercevaient de la manœuvre, plus aucune prise ne serait effectuée. De plus, il faudra s'abstenir de tuer les prises sur place.

• La nasse à becs droits mixte

La cage-piège à becs droits, communément appelée " nasse à corbeaux " peut également capturer les renards, voire les mustélidés, qui viennent automatiquement rôder autour de la cage-piège, attirés par les appelants pies et corneilles. Pour cela il faut encastrer dans la cage-piège, une boîte à fauves grand format, sur un côté. Les prédateurs faisant le suivi du grillage entreront sans méfiance dans la boîte spacieuse voyant la sortie en bout... Dès qu'ils passent sur la palette centrale, ils déclenchent la chute des portes coulissantes. Le fond de ladite boîte à fauves sera recouvert de menue paille, de feuilles mortes, de poussier de foin ou de brisures d'une fourmilière abandonnée.

Ce système de boîte à fauves encastrée grand modèle est

également excellent pour capturer les chiens égarés et ce, sans dommage corporel. Ils pourront être remis à leur propriétaire ou déposés à la fourrière.

• Capture de la pie au " miroir "

Le piège dit " cage à pies " est très efficace pour capturer les pies bavardes. Dans le compartiment central, on place un " appelant " vivant, chargé d'attirer ses congénères dans les quatre compartiments situés en périphérie. La plus grande difficulté pour les piégeurs consiste à se procurer des " appelants ".

Une solution originale existe pour capturer les pies sans avoir recours aux " appelants ". Il s'agit de disposer un miroir dans le fond de chaque compartiment destiné à la capture. D'un naturel très curieux, la pie sera irrésistiblement attirée par son image dans le miroir et pénétrera aussitôt dans la cage.

Cage-piège à becs droits. Comme appâts, les noix sèches sont recommandées.

LISTE DES ASSOCIATIONS DEPARTEMENTALES DE PIEGEURS AGREES DE FRANCE

AIN

ROUSSET Roland
309 route de Tramoyes
01390 ST ANDRE DE CORCY
Tel. 04.72.26.44.06
ou 06.81.49.52.79

AISNE

CHARPENTIER Pierre
8 rue de la Queue de l'Etang
02220 PAARS
Tel. 03.23.54.84.94

ALLIER

LOCHMANN Yves
15 route de Moulins
03340 NEULLY LE REAL
Tel. 04.70.43.81.35 Courriel
agrpd03@wanadoo.fr

ALPES DE HAUTE PROVENCE

GABY André
Station du Col St Jean
04140 MONTCLAR
Tel. 04.92.35.19.35
Fax 04.92.35.19.91

HAUTES ALPES

COTTE Pierre
Le Pesquier
3 chemin des Rouvres
05000 GAP
Tel. 04.92.51.27.43
Fax 04.92.52.42.85

ALPES MARITIMES

NOVELLI Patrick
Villa Tire-Lire
619 chemin des Martel
06330 ROQUEFORT LES PINS
Tel. 04.93.77.10.53
Fax 04.93.77.53.27

ARDECHE

VOLLE Henri
La Croix Saint André
07440 BOFFRES
Tel. 04.75.58.07.33
Courriel :
VOLLE.HT@wanadoo.FR

ARDENNES

GILLET Raymond
Ferme les Rossignols
08350 BOSSEVAL et
BRIANCOURT
Tel. 03.24.52.20.99

ARIEGE

MASSAT Marc
8 chemin Barry
09120 CRAMPAGNA
Tel. 05.61.02.82.95

AUBE

GNAGI Pierre
Grand Champ
10130 COURTAOULT
Tel. 03.25.70.08.86

AUDE

PAULY Sébastien
FDC de l'AUDE,
13 rue des Chasseurs, B.P. 54
11201 CARCASSONNE
Tel. 06.71.65.49.36
Courriel :
pauly.sebastien@caramail.com

AVEYRON

FRICOU Michel
La Calmette
12450 LUC
Tel. 05.65.69.45.57

CALVADOS

PAPIN Jacques
3 place Fernand Léger
14123 FLEURY SUR ORNE
Tel. 02.31.84.14.02
Courriel : adpdc@voila.fr

CANTAL

ARNAL Guy
APGPA 15 FDC du Cantal
14 allée du Vialenc
15000 AURILLAC
Tel/fax 04.71.20.52.13

CHARENTE

BEGNIER Michel
121 B rue de Basseau
16000 ANGOULEME
Tel. 05.45.91.93.70

CHARENTE MARITIME

PIGNIER Christian
8 rue des Acacias
17430 TONNAY CHARENTE
Tel/fax 05.46.88.06.80
Courriel :
pignier.christian@wanadoo.fr

CHER

BERNEAU Daniel
Lieu-dit Les Gots
18250 HENRICHEMONT
Tel. 02.48.26.72.72
Courriel :
ass.piegeurs.cher@wanadoo.fr

CORREZE

LE BARS Daniel
ZAC de Bridol,
rue du Palou
19130 OBJAT
Tel. 05.55.25.80.16

COTE D'OR

BIJARD JACQUES
27 RUE DE Champforey
21160 MARSANNAY LA COTE
Tel. 03.80.52.46.47
Courriel : Mtl2@wanadoo.fr

COTES D'ARMOR

BLEUSE Lionel
Poul ar raned,
Hent kéravel
22290 LANLEFF
Tel. 02.96.22.31.72
Courriel :
lionel.bleuse@wanadoo.fr

CREUSE

PRUGNAUD Daniel
Villecoulon
23220 JOUILLAT
Tel/fax 05.55.51.21.28
Courriel :
ass.piegeurs23@wanadoo.fr

DORDOGNE

SEDANO André
Le Perrie
24200 SARLAT
Tel. 05.53.31.12.32
Courriel :
A.D.P.A.D.24@wanadoo.fr

DOUBS

KUENZI Yves
10 rue des Combes
25500 MORTEAU LES ARCES
Tel. 03.81.67.33.51

DROME

PASCAL Etienne
Quartier Bessons
26400 SOYANS
Tel 04.75.76.04.03 (>20 h)

EURE

LECHEVALLIER Jean-Pierre
1, rue Arthur Lebon
27250 AMBENAY
Tel. 02.32.24.60.74
Courriel :
agrpe.lechevallier@wanadoo.fr

EURE-et-LOIR

PICARD François
17 impasse des Vignes
28300 CLEVILLIERS
Tel. 02.37.23.93.51
Courriel :
ass.piegeurs28@wanadoo.fr

GARD

FINIELS Bernard
Rue Henri Maurin
30570 VALLERAUGUE
Tel. 04.67.82.22.10
Courriel :
claudeliane@cegetel.net

HAUTE GARONNE

GAJEWSKI Jean-Claude
Le Village
31430 LUSSAN ADEILHAC
Tel. 05.61.98.55.63

GERS

COUEILS Pierre
2 avenue Laloue
32310 VALENCE SUR BAISE
Tel. 05.62.28.97.52
Courriel :
pierre.coueils@wanadoo.fr

GIRONDE

DELAS Gérard
12 Les Alix
33190 MONGAUZY
Tel. 05.56.61.72.11
ou 06.70.84.46.40
Courriel :
gerard.delas@wanadoo.fr

HERAULT

ROUSSILLE Martial
196 rue des Aigrettes
34400 LUNEL
Tel. 04.67.83.15.57 (D)
ou 04.67.71.18.01 (T)
Courriel :
h.roussille@libertysurf.fr

ILLE-et-VILAINE

APA 35 :
ARMENGAUD Michel
Le Moulin du Roux
35290 GAEL.
Tel. 02.99.07.75.19
Courriel : ADPA.35@free.fr

UNION Départementale des Piégeurs du 35 :

RAMOS Jean-Michel
Le Bas Ridouel
35530 NOYAL SUR VILAINE
Tel. 02.99.00.52.94

INDRE

LEDOUX Christian
59-61 avenue des Marins
36000 CHATEAUROUX
Tel/fax 02.54.34.52.41
Courriel : agrp36@wanadoo.fr

INDRE-et-LOIRE

BOREL Laurent
Maison Forestière Chatelier
37530 SOUVIGNY DE TOURAINE
Tel.02.47.23.18.58

ISERE

VIGNANE Pascal
Rue du Champ Renard
38730 VIRIEU/BOURBRE
Tel. 04.74.97.91.10
Courriel : apaisere@aol.com

JURA

POTY Bernard
3 rue Henri Clerc
39160 SAINT AMOUR
Tel. 03.84.48.81.70
Fax 03.84.48.86.09
Courriel :
poty.bernard@wanadoo.fr

LOIR-et-CHER

PAJON Gilles
Domaine du Naon
41300 SOUESMES
Tel. 02.54.98.81.07
Courriel : aplcgp@aol.com

LOIRE

PAUPIER Bertrand
Cité Saint-André
42720 BRIENNON
Tel. 04.77.60.73.09
Courriel : bertflocla@aol.com

HAUTE LOIRE

MEDARD Jean-Pierre
Le Bourg
43100 CHANIAT
Tel. 04.71.76.09.61

LOIRE ATLANTIQUE

CAMUS Jean
10 rue du Grand Port
44640 CHEIX-en-RETZ
Tel. 02.40.04.66.33
Courriel : dany.barteau@free.fr

LOIRET

MACHENIN Alain
152 route d'Orléans
45510 TIGY
Tel/fax 02.38.45.89.40
Courriel :
machenin.alain@9online.fr

LOT

ZEUGSCHMITT Patrick
Debasse
46700 DURAVEL
Tel. 05.65.21.40.30
Fax 05.61.21.40.44
Courriel : Pzeugschmitt@aol.com

LOT ET GARONNE

TRICHET Serge
La Métairie Basse
47410 LAUZUN
Tel. 05.53.94.17.46

MAINE-et-LOIRE

MAINGUY Gilbert
Piegon d'Or
49800 ANDARD
Tel. 02.41.54.90.99

MANCHE

GENAR Georges
31 D route de la Chevallerie
50740 CAROLLES
Tel.02.33.90.03.15
Courriel : genar@wanadoo.fr

MARNE

MARTIN François
7 rue de la Croyette
51260 BAGNEUX.
Tel/fax 03.26.42.94.22

HAUTE MARNE

HUOT Robert
Rue de Richebourg
52120 CHATEAUVILLAIN
Tel. 03.25.02.95.34
Courriel :
ROBERT.HUOT@wanadoo.fr

MAYENNE

GILLES Patrice
La Duchaie
53380 JUVIGNE

MEURTHE ET MOSELLE

THOUVENIN Jacques
8 rue Lucien Colson
54170 OCHEY
Tel. 03.83.52.80.01

MEUSE

ANDRESS Jean-Pierre
55110 MURVAUX
Tel. 03.29.80.85.59

MORBIHAN

ZULIANI Jean-Claude
Saint Fiacre
56520 GUIDEL
Tel.02.97.65.91.81

MOSELLE

LEFEVRE Didier
236 rue Roosevelt
57970 YUTZ
Tel. 03.82.56.22.96
Courriel :
piegeurs@club-internet.fr

NIEVRE

BORDAY Manuel
12 allée du Bois de l'Hâte
58360 ST HONORE LES BAINS
Tel. 03.86.30.77.16

NORD

BONTE Pierre
855 route de Ghien
59310 BEUVRY LA FORET
Tel. 03.20.61.89.14

OISE

DUPONT Jean-Yves
4 chemin des Potiers
60000 GOINCOURT
Tel. 06.80.61.37.41

ORNE

DEMARTY Alix
Les Fiches
61340 ST HILAIRE SUR ERRE
Tel. 02.37.52.74.34
Courriel :
ector.ema2@libertysurf.fr

PAS-de-CALAIS

FREMAUX Didier
34 rue de la Vallée
62990 OFFIN
Tel. 03.21.06.44.04
Fax 03.21.06.44.05

PUY-de-DOME

BOUZON Bernard
FDC du Puy de Dôme Marmilhat
63370 LEMPDES
Tel. 04.73.39.52.10

PYRENEES ATLANTIQUES

SOULAT Benoit
Lous Camous
64390 SAINT GLADIE
Tel. 05.59.38.52.30
Courriel :
Association.Piegeurs.des.PA@wanadoo.fr

HAUTES PYRENEES

POUEYDEBAT Jean
30 D parc de la Tuilerie
65800 AUREILHAN
Tel. 05.62.36.84.14
Courriel :
piegeur65@caramail.com

PYRENEES ORIENTALES

PIQUEMAL Claude
3 traverse J. Cayrol
66330 CABESTANY
Tel. 04.68.61.31.70 (D)
04.68.50.22.85 (T)

BAS-RHIN

FIX Claude
28 rue de la Liberté
67120 KOLBSHEIM
Tel/fax 03.88.59.54.02
Courriel :
ass-piegeurs67@free.fr

HAUT-RHIN

KOCH Frédéric
7 quai des Platanes
68700 CERNAY
Tel. 03.89.39.74.77
Courriel : apahr1@free.fr

RHONE

MONTET Claudy
La Sarre
69240 BOURG DE THIZY
Tel. 04.74.64.23.81

HAUTE-SAONE

LUSIEUX Dominique
Le Petit Puzet
70170 CHAUX LES PORT
Tel/fax 03.84.91.50.23

SAONE-et-LOIRE

PELUS Jacques
En Rosier
71240 LAIVES
Tel. 03.85.44.73.66
Courriel :
fdc71@chasseurdefrance.com

SARTHE

DE TORCY Philippe
Boisclaireau
72290 TEILLE
Tel. 02.43.27.47.25
Courriel :
ph-de-torcy@wanadoo.fr

SAVOIE

CHAZERAULT Georges
L'Aiguillon
73660 LES CHAVANNES SUR MAURIENNE
Tel. 04.79.83.17.48
Courriel : apa73@free.fr

HAUTE-SAVOIE

TRABICHET Roger
Lesvaux
74500 FETERNES
Tel. 04.50.73.43.04
Courriel :
lombard.patricia@wanadoo.fr

PARIS HSV

KOSTA Jean-Claude
6 rue de Nantes
75019 PARIS
Tel. 01.40.34.93.70
Courriel :
jeanclaude.kosta@wanadoo.fr

SEINE MARITIME

PEPIN Martial
36 grande rue de Normandie
76160 STE AGATHE
D'ALIERMONT
Tel. 02.35.93.89.08

SEINE-et-MARNE

DUVERNE Claude
23 Voie aux vins
77160 CHALAUTRE LA PETITE
Tel. 01.64.00.19.72

YVELINES

VERGNE Pierre
6 Allée des Marronniers
78520 DENNEMONT
Tel. 01.34.77.24.74

DEUX-SEVRES

QUEREUX Raymond
10 rue de la Chaume
79140 SAINT MAXIRE
Tel. 05.49.35.50.98

SOMME

VANDEN-BIL Jean-Claude
35 rue Neuve
80600 GEZAINCOURT
Tel. 03.22.77.28.54
Courriel : vdbjc@aol.com

TARN

FOURGASSIE Jean-Edouard
Le Segala
81570 VIELMUR SUR ARGOUT
Tel. 05.63.74.30.39
Fax 05.63.51.02.58

TARN-et-GARONNE

GIBERT Gabriel
10 impasse Cavalier Lunel
82700 MONTECH
Tel. 05.63.64.88.45
Courriel : apatg@wanadoo.fr

VAR

CHALVET Edouard
L'Oasis 39 allée des Mimosas
83130 LA GARDE
Tel. 06.08.70.62.32

VENDEE

BOSSARD Rémi
L'Huberdière
85600 ST HILAIRE DE LOULAY
Tel. 02.51.27.32.62

VIENNE

JUTEAU Jean-Louis
24 rue Lises de la Ballu
86490 BEAUMONT
Tel/fax 05.49.85.55.83

HAUTE-VIENNE

BERNARD Jacques
Route des Chasseurs
87170 ISLE
Tel. 05.55.43.22.86

VOSGES

LAURENT Philippe
4 rue de l'Atre
88300 AULNOIS
Tel. 03.29.06.50.57
Courriel :
l.philippe22@voila.fr

YONNE

BELVAL Bruno
16 ter route des Gorges
89380 APPOIGNY
Tel. 03.86.53.06.41

TERRITOIRE DE BELFORT

PIEGEURS :
GUIGNARD Claude
4 rue des Chenevières
90340 FONTENELLE
Tel. 03.84.23.30.22
Courriel :
claude.guignard@libertysurf.fr

TRAPPEURS 90 :
FLOTAT Joël
23 bis rue de Pérouse
90340 CHEVREMONT
Tel. 03.84.28.92.52
Courriel :
Trappeurs90@aol.com

ESSONNE

BEDEAU MICHEL
Les Dernières Vignes
39 rue Mmarc Sangnier
91290 ARPAJON
Tel. 01.64.90.03.14
Courriel :
bedeau.michel@wanadoo.fr

VAL D'OISE

CUVILLIER Didier
2 bis hameau du Beau-Jay
95270 BELLOY EN France
Tel. 01.30.35.62.56

Président UNAPAF :
SAULNIER Jean-Claude
Le Barry
09000 PRADIERES
Tel/fax : 05.61.65.25.61
Tel.domicile : 05.61.65.50.07
Courriel :
lebarry@club-internet.fr

Notes personnelles

Notes personnelles

Notes personnelles

Notes personnelles

Notes personnelles

Notes personnelles

Notes personnelles

Notes personnelles

PHOTOGRAPHIES
Nicolas GAVARD-GONGALLUD
Jean-Baptiste SCHWEYER
Jacques LEMESLE
L'équipe du journal "Nos Chasses"

DIRECTRICE D'OUVRAGE
Nathalie LEGRAND

RÉDACTION
Jacques LEMESLE
Nicolas GAVARD-GONGALLUD

COMPOGRAVURE
"GD COMPOGRAVURE"
75020 PARIS

IMPRIMERIE
Imprimé en C.E.E

Dépôt légal 2e trimestre 2005 - ISBN 2-905442-34-4